FORMULES INÉDITES

(Extrait de la *Revue historique de droit français et étranger*, numéros de janvier-février, mars-avril.)

TYPOGRAPHIE HENNUYER, RUE DU BOULEVARD, 7. BATIGNOLLES.
Boulevard extérieur de Paris.

FORMULES INÉDITES

PUBLIÉES

D'APRÈS DEUX MANUSCRITS

DES BIBLIOTHÈQUES ROYALES

DE MUNICH ET DE COPENHAGUE

PAR

M. EUGÈNE DE ROZIÈRE,

INSPECTEUR GÉNÉRAL DES ARCHIVES DÉPARTEMENTALES.

PARIS

AUGUSTE DURAND, LIBRAIRE, RUE DES GRÈS, 7.

1859

FORMULES INÉDITES

PUBLIÉES

D'APRÈS DEUX MANUSCRITS DES BIBLIOTHÈQUES ROYALES

DE MUNICH ET DE COPENHAGUE.

INTRODUCTION.

On est habitué à considérer les *Formules* comme des modèles d'actes juridiques, rédigés par des praticiens pour servir de guide aux parties contractantes. C'est, en effet, le caractère que présentent la plupart des *Formulaires* anciennement publiés, et c'est aussi sous ce rapport qu'ils nous offrent le plus d'intérêt. Nous y cherchons dans la pratique journalière des affaires un commentaire vivant et animé des lois, et nous y voyons se former, au sein même des institutions romaines qui s'écroulent, les premiers germes de l'organisation féodale.

Cependant les modèles de contrats, d'actes de procédure ou de jugements, ne remplissent pas seuls les pages des *Formulaires*. Les auteurs de ces recueils y ont joint le plus souvent des modèles de lettres officielles ou familières, échangées entre des souverains, des comtes, des évêques, des abbés ou de simples particuliers. C'est dans le second livre de Marculfe que ce mélange apparaît pour la première fois. Les collections postérieures des *Formulæ Bignonianæ* et des *Formulæ Alsaticæ*, celle que M. de Wyss a insérée dans les *Mémoires* de la Société des Antiquaires de Zurich sous le nom d'*Alamannische Formeln und Briefe*, celle que M. Dümmler a donnée sous le titre de *Formelbuch des Bischofs Salomo III von Konstanz*, celle que j'ai publiée, il y a quelques années, d'après un manuscrit de la bibliothèque de Saint-Gall, en offrent de nouveaux et remarquables exemples.

Cette réunion de pièces, en apparence si diverses, à laquelle nous devons la conservation d'un grand nombre de monuments épistolaires et diplomatiques, s'explique par le but que se proposaient les auteurs des *Formulaires*. C'étaient, en général, des religieux chargés de la direction des écoles épiscopales ou monastiques. Ils écrivaient pour leurs élèves; et les compilations qu'ils ont rédigées pour servir de thème à leurs leçons nous permettent de juger la méthode et les procédés de leur enseignement.

On sait que les empereurs, surtout depuis Adrien et Marc-Aurèle, s'étaient montrés favorables au développement des lettres et à l'éducation de la jeunesse. De grands établissements d'instruction publique avaient été fondés ou rétablis dans les principales villes de l'empire. La condition des professeurs, jusque-là précaire, avait été rendue meilleure et plus digne par l'assignation d'un traitement fixe sur le trésor impérial, l'exemption des charges municipales et la remise de quelques prestations onéreuses, telles que les dons volontaires et l'hébergement des soldats ou des fonctionnaires publics. Encouragés par l'exemple des princes, un grand nombre de sénats municipaux avaient institué des écoles entretenues aux frais de la cité. Enfin l'enseignement libre florissait à côté de l'enseignement officiel, et une foule de grammairiens et de rhéteurs avaient ouvert des écoles privées, dont la concurrence entretenait l'activité des études et semblait devoir inspirer aux maîtres une généreuse émulation [1].

La grammaire, la rhétorique et la philosophie formaient dans ces divers établissements, publics ou privés, la base de l'enseignement. Le droit n'était professé qu'à Rome, à Athènes, à Béryte et à Constantinople; et si l'on compare le petit nombre de maîtres chargés de l'enseigner au nombre considérable des grammairiens, des rhéteurs et des sophistes, on est étonné du peu d'importance accordé à une science, qui, même sous l'empire, ouvrait à ses adeptes la carrière des fonctions publiques, et leur permettait d'aspirer aux plus hautes dignités. Mais il ne faut pas oublier qu'auprès des empereurs, des préfets du prétoire, des vicaires, des consulaires, recteurs ou présidents, il y avait, sous le nom d'*officia*, des bureaux chargés de l'expédition des affaires. C'est là qu'étaient préparées les constitutions des empereurs, les consultations et les sentences données en leur nom, les correspondances des chefs de l'administration avec les gouverneurs des provinces, les réponses de ces gouverneurs aux cités et aux simples particuliers. Plus les limites de l'empire s'étaient agrandies, plus la centralisation administrative et fiscale était devenue rigoureuse, et plus l'importance de ces diverses chancelleries avait dû s'accroître. La *Notitia dignitatum imperii* nous montre l'organisation savante qu'elles avaient reçue à la fin du quatrième siècle; il est probable qu'il y régnait une hiérarchie régulière, et nous pouvons croire que les jeunes gens appelés à en parcourir les degrés y recevaient une éducation spéciale et s'y formaient à la pratique des affaires.

Il faut donc reconnaître que sous l'empire les moyens de s'instruire ont été nombreux et variés; et si on s'arrête à la surface des choses, si on se borne à compter le nombre des écoles, des professeurs et des élèves, on doit avouer

[1] Naudet, *Mémoire sur l'instruction publique chez les anciens, et particulièrement chez les Romains* (dans les Nouveaux Mémoires de l'Académie des Inscriptions, t. IX, p. 388).

qu'à aucune époque l'enseignement n'a été plus florissant. Mais un examen attentif ne tarde pas à dissiper cette illusion. Malgré les faveurs du souverain et le zèle intéressé des lettrés, on est frappé des subtilités puériles et de la vaine emphase qui déshonorent tous les travaux sortis des écoles impériales. « Dans cette littérature, dit un savant académicien, on aperçoit plus d'ambition que de grandeur, plus d'afféterie que d'élégance, plus de roideur que de force, plus d'obscurité que de profondeur, plus de jeux de mots que de pensées [1]. » La langue du droit, si sobre, si claire, si énergique sous la plume de Papinien, d'Ulpien et de Paul, fait place au style pompeux et vide des Constitutions de Constantin et de ses successeurs.

Ce contraste d'une prospérité apparente et d'une décadence réelle n'a rien qui doive étonner. Le sort des écoles est uni par les liens d'une étroite solidarité au sort de la société tout entière, et leur enseignement s'agrandit ou se rapetisse avec les espérances de la génération qui les fréquente [2]. Depuis que l'éloquence n'avait plus pour théâtre cette tribune où se discutaient les grands intérêts de Rome, les rhéteurs ne pouvaient exercer leurs élèves qu'à composer des déclamations frivoles ou de froids panégyriques; depuis qu'une pratique hésitante s'était substituée aux savantes déductions des jurisconsultes classiques, depuis que le despotisme avait banni de la jurisprudence les grandes théories du droit naturel et du droit politique, le législateur lui-même était réduit à dissimuler sous une phraséologie sonore l'absence de toute doctrine scientifique et de principes élevés.

Le moment arriva même bientôt où la pompe du langage fut impuissante à prolonger l'illusion. Le trésor impérial était appauvri; les ressources des cités étaient épuisées; les barbares occupaient déjà une partie des provinces. Il fallut réduire les exemptions accordées aux professeurs, et sup-

[1] Naudet, *op. cit.*, troisième période.
[2] *Ibidem.*

primer la concurrence des écoles privées, afin de conserver à l'enseignement officiel le petit nombre d'élèves qui ne se laissaient pas décourager. On peut juger par l'exemple de la Gaule de la rapidité de cette décadence. Les études s'y étaient longtemps conservées plus florissantes que dans les autres parties de l'empire. Au quatrième siècle, les écoles de Trèves, d'Autun, de Bordeaux, de Toulouse et de Poitiers étaient encore fréquentées par une jeunesse nombreuse, et les empereurs attiraient à Rome et à Constantinople les professeurs qui s'y étaient distingués [1]. Mais dès le milieu du cinquième siècle, la plupart de ces écoles étaient désertes, et c'est à peine si, dans le siècle suivant, nous trouvons quelques traces d'un enseignement public dans les provinces occupées par les Bourguignons et les Wisigoths.

La tradition des études classiques n'était cependant pas destinée à périr. A côté de la société civile, dont la chute avait été précipitée par la dissolution de l'empire et l'invasion des barbares, s'élevait une société nouvelle, pleine de jeunesse et de vigueur ; je veux parler de l'Eglise, qui devait recueillir l'héritage abandonné des grammairiens et des rhéteurs. L'enseignement était considéré comme une des fonctions les plus essentielles de l'épiscopat ; et si la nature de sa mission lui imposait le devoir spécial de répandre la connaissance des dogmes religieux et de l'Ecriture sainte, elle ne lui interdisait cependant pas la culture des lettres profanes. La plupart des grands évêques qui ont occupé les siéges de la Gaule pendant les cinquième, sixième et septième siècles, offrent l'exemple d'une science ecclésiastique consommée unie à un véritable talent littéraire. Ils fondèrent auprès de leurs églises cathédrales des écoles, où la grammaire, la rhétorique, la géométrie, l'arithmétique et même la poésie étaient enseignées aussi bien que le dogme et le chant ecclésiastique. D'un autre côté, les monastères, que la faveur des rois et la piété des fidèles ne cessaient

[1] *Histoire littéraire de la France*, t. Ier, deuxième partie ; t. II et III, *passim*.

d'enrichir et de multiplier, ouvrirent aux lettres de nombreux et sûrs asiles, et l'enseignement public ne tarda pas à retrouver dans la discipline des cloîtres une nouvelle fécondité.

Tous ceux qui sont familiers avec le moyen âge ont présents à la mémoire les noms de ces grandes écoles monastiques, qui ranimèrent et soutinrent pendant plusieurs siècles le culte des études littéraires. Il suffit de rappeler Saint-Martin de Tours, Corbie, Fleury-sur-Loire, le Bec, Prüm, Fulde, Saint-Gall et Reichenau, illustrées par les leçons d'Alcuin, de Paschase Radbert, de Théodulfe, de Lanfranc, de Réginon, d'Ison, de Notker, de Raban Maur et de Walafrid Strabon. Personne aujourd'hui ne songe à contester ce rôle glorieux de l'ordre de Saint-Benoît, qui parut dans ces temps de misère et d'ignorance comme une digue élevée en faveur de la civilisation contre la barbarie. Mais ce qu'on n'a peut-être pas assez remarqué, c'est que l'enseignement de ces savants religieux devait pourvoir à la fois à tous les besoins de la société. Il ne leur suffisait pas de répandre la connaissance des livres saints, d'instruire leurs élèves dans la science de la liturgie, ou de sauver les débris de la littérature classique, en les faisant transcrire par d'infatigables copistes. Ils devaient encore former les esprits pour le gouvernement de l'Église et de l'État, et pour la pratique des affaires. C'était, en effet, des monastères que sortaient la plupart des évêques et des hauts fonctionnaires; c'était dans leurs archives qu'on venait, depuis la dissolution des curies, déposer les principaux actes de la vie civile; c'était le plus souvent la plume d'un moine qui rédigeait les conventions des particuliers. Le mouvement intellectuel, que Charlemagne s'était efforcé de ranimer dans toutes les classes de la société, n'avait pour ainsi dire laissé aucune trace parmi les laïques; les plus riches, les plus élevés en dignité restaient plongés dans l'ignorance. Aussi tous les personnages considérables avaient-ils auprès d'eux un *clerc*, qui tenait la plume en leur nom. Le talent de la rédaction conduisait infailliblement à une position importante ; et tout religieux qui était en état de libeller un diplôme ou de suivre une correspondance d'affaires pouvait aspirer à un évêché, si mieux il n'aimait rester attaché à la personne du prince en qualité de référendaire, de notaire ou de chancelier[1].

L'art du style et de la composition, dans son acception la plus large, formait donc une des parties essentielles de l'enseignement dans les écoles monastiques. On l'exprimait par le mot *dictare*. « Ce mot, dit un savant qui a fait des épistolaires du moyen âge une étude particulière, signifiait dans l'origine *dicter*, *répéter à un autre ;* mais comme les anciens *dictaient* le plus souvent leurs ouvrages, on en vint bientôt à employer l'expression *dictare* pour désigner d'une manière générale la composition d'un écrit quelconque, et de proche en proche la signification primitive se perdit si bien qu'elle finit par être entièrement oubliée. » On opposa même le mot *scribere* au mot *dictare*, c'est-à-dire l'exécution manuelle au travail de l'esprit. Un des savants collaborateurs de M. Pertz cite un manuscrit des *Gesta episcoporum Virdunensium* qui se termine par cette phrase : *Petrus de Flandria me scripsit, sed non me dictavit*[2]*;* et M. Wattenbach rappelle que le biographe de Gérard, évêque de Csanad, dit en parlant de ce saint prélat : *Dictabat libros, quos propria manu scribebat*[3]. C'est dans le même sens qu'il faut entendre le moine de Saint-Gall, quand il raconte que Charlemagne admit dans sa chapelle, c'est-à-dire dans sa chancellerie, un jeune homme pauvre, *optimum dictatorem et scriptorem*[4].

Les compositions poétiques étaient comprises, aussi bien que les écrits en prose, sous le nom de *dictamina*, comme le prouve la définition suivante donnée par le chanoine de

[1] Wattenbach, *Ueber Briefsteller des Mittelalters.*
[2] Pertz, *Monumenta German. hist.*, XII, 488.
[3] *Scriptores rerum Hungaricarum*, 214.
[4] D. Bouquet, *Scriptores rerum Francicarum*, V, 107.

Bologne, au commencement du douzième siècle : *Duo principalia dictaminum genera novimus, unum videlicet prosaicum, alterum quod vocatur metricum* [1]. Nous savons d'ailleurs que la poésie faisait partie de l'enseignement, et que dans l'école palatine elle-même les élèves offraient à Charlemagne *epistolas et carmina* [2]. Nous voyons en outre, par la correspondance d'Alcuin et de ses contemporains, que l'usage permettait d'insérer des fragments poétiques dans les lettres d'affaires les plus sérieuses. Toutefois, il faut entendre en général par *dictamina* des recueils de compositions en prose, et spécialement de lettres, en donnant à cette dernière expression son sens le plus étendu. Tous les documents qui affectaient la forme épistolaire, tels que les diplômes des princes, les contrats des particuliers, quelquefois même les sentences des tribunaux, étaient en effet compris sous ce titre. Marculfe nous offre une application très-ancienne du mot *dictare* aux collections de cette nature, lorsque dans sa préface il se compare aux *prudentissimos viros et eloquentissimos ac rhetores et ad dictandum peritos;* et nous en pouvons citer un exemple plus ancien encore dans la collection des *Formulæ Andegavenses*, qui porte pour rubrique *Incipiunt dictati.*

Ces considérations nous ramènent naturellement aux recueils de formules, et nous expliquent le mélange de pièces diverses que nous y rencontrons. Style diplomatique, style curial, style épistolaire, style poétique, tous les genres s'y trouvent réunis, et nous ne pouvons douter que leurs auteurs ne les aient composés pour l'enseignement des élèves qu'ils étaient chargés de diriger. L'antiquité leur fournissait l'exemple de recueils analogues. Les lettres de Cicéron et celles de Pline le Jeune n'avaient pas été publiées seulement pour accroître la renommée ou flatter la vanité de leurs auteurs, mais encore pour être offertes dans les écoles comme des modèles de l'art épistolaire. C'est dans

[1] Wattenbach, *loc. citat.*
[2] D. Bouquet, V, 108.

le même but qu'à la fin du cinquième siècle Cassiodore réunit sous le titre de *Variæ* les correspondances officielles qu'il avait entretenues au nom du roi des Goths, en qualiié de questeur ou de préfet du prétoire. *Dicta mea*, dit-il dans sa préface, *quæ in honoribus sæpe positus pro explicanda negotiorum qualitate profuderam, in unum corpus redigere suadebant, ut ventura posteritas et laborum meorum molestias, quas pro generalitatis commodo sustinebam, et sinceræ conscientiæ inemptam dignosceret actionem.* Et plus loin il ajoute : *Cunctarum itaque dignitatum sexto et septimo libris formulas comprehendi, ut et mihi, quamvis sero prospicerem, et sequentibus in angusto tempore subvenirem.* On ne connaît aucun détail de la vie de Marculfe; on sait seulement qu'il était moine, et, si on admet avec l'abbé Lebeuf qu'il ait habité successivement plusieurs monastères [1], on peut croire qu'il y avait été appelé pour donner des leçons dans les écoles. On est du moins certain qu'il avait rédigé sa compilation dans le but d'instruire la jeunesse, puisqu'il explique ainsi lui-même le dessein qu'il s'était proposé : *Ad exercenda initia puerorum, ut potui, aperte et simpliciter scripsi, ut, cui libuerit, is exinde aliqua exemplando faciat.* Enfin nous ne saurions passer sous silence un des plus célèbres maîtres du neuvième siècle, le moine Ison, chargé de diriger tour à tour les écoles de Saint-Gall et celles de Grandfel, et qui avait composé pour l'usage de ses élèves une collection de formules, dont il ne nous reste que des fragments [2].

Mais si les auteurs de formulaires écrivaient tous dans le même but, leur procédé de rédaction différait notablement. Les uns, véritables maîtres dans l'art d'écrire, dressaient, d'après leurs connaissances acquises et par le propre effort de leur réflexion, les modèles variés qu'ils voulaient faire entrer dans leurs collections. C'est ainsi que Marculfe paraît

[1] Lebeuf, *Dissertations sur l'histoire ecclésiastique et civile de Paris*, II, LXIX.

[2] *Histoire littéraire de la France*, V, 399.

avoir opéré dans la plus grande partie de son ouvrage, et il l'indique lui-même par les mots suivants de sa préface : *Ego vero hæc quæ apud maiores meos, iuxta consuetudinem loci quo degimus, didici, vel ex sensu proprio cogitavi, ut potui, coacervare in unum curavi.* Plusieurs des formules comprises dans les recueils publiés par MM. de Wyss et Dümmler présentent le même caractère de rédaction originale et intelligente ; on voit par les annotations dont l'auteur accompagne le texte, qu'il avait prévu les divers cas auxquels son modèle pourrait servir, et qu'il en a voulu faciliter l'application. Mais il s'en faut bien que le même soin ait présidé à la composition de tous les formulaires. Le plus souvent ils ont été formés de chartes et de lettres véritables, transformées en formules par la suppression des noms propres, des dates et des circonstances particulières; quelquefois même la négligence des rédacteurs a laissé subsister plusieurs de ces indications, et c'est à ce hasard que nous devons la connaissance des pays et des temps où ils ont vécu. Enfin les recueils les plus autorisés ont été fréquemment exploités par les écrivains postérieurs, et ce mélange d'éléments anciens et de pièces étrangères et plus récentes a donné naissance à des compilations *composites*, dont il devient souvent très-difficile de déterminer l'époque et la patrie.

Il me reste à montrer comment les principaux caractères que je viens d'indiquer se retrouvent dans la collection nouvelle que je publie d'après deux manuscrits des bibliothèques de Munich et de Copenhague.

De toutes les grandes bibliothèques de l'Europe, la bibliothèque royale de Munich est peut-être celle qui a été jusqu'ici le moins explorée, et où il reste à faire le plus de découvertes. Sa principale richesse date de la sécularisation des établissements religieux et de la réunion au chef-lieu de l'Etat de tous leurs trésors littéraires. Le manuscrit dont je vais parler y est entré à cette époque. Il appartenait antérieurement à l'abbaye de Benedictbeuren, comme le prouve la mention suivante répétée à trois reprises au bas des feuillets 1, 57 et 85 : *Iste liber est monasterii nostri Benedictenpeuern.* Il porte aujourd'hui la signature *Cod. lat. Monac.* 4650, et comprend quatre-vingt-cinq feuillets de parchemin. Le format est in-12, l'écriture paraît appartenir au dixième siècle. Par suite d'une inadvertance du relieur, un certain nombre de cahiers ont été déplacés [1], et, pour rétablir l'ordre naturel des feuillets, il faut se conformer au tableau suivant :

1.	. . . .	23.
32.	. . . .	39.
24.	. . . .	31.
56.	. . . .	71.
40.	. . . .	55.
80.	. . . .	85.
72.	. . . .	79.

Ce manuscrit ne contient rien autre chose qu'un formulaire ; il n'est même pas complet, car le dernier document qu'il renferme est brusquement interrompu au milieu d'une phrase, au bas du feuillet 79, qui, dans l'ordre naturel, doit être le dernier. Il porte pour rubrique générale les mots *Formularius epistolarum, Liber breviarius uniuscuiusque rei*, et comprend cent trente-deux formules ou pièces analogues, dont quatorze répondent aux numéros 2, 3, 4, 6, 7, 10, 11, 14, 15, 16, 17, 22, 23 et 34 du livre Ier de Marculfe, une au numéro 47 du livre II du même auteur, une au numéro 10 de l'*Appendix ad Marculfum*, et dix-huit aux numéros 4, 18, 19, 20, 50, 55, 57, 58, 75, 82, 88, 96, 103, 124, 127, 152, 169 et 171 des *Formulæ solemnes* de Lindenbrog. Il faut encore ajouter au nombre des documents qui nous étaient déjà connus deux formules publiées, il y a quelques années, par M. Pardessus, dans le tome IV de la *Bi-*

[1] D. Bernard Pez, qui a publié d'après ce manuscrit sept lettres d'Alcuin dans le tome II de son *Thesaurus anecdotorum*, ne s'était pas aperçu de cette transposition, de sorte qu'il a donné sous le n° VII un document composé du commencement et de la fin de deux pièces différentes.

bliothèque de l'École des Chartes, d'après un autre manuscrit, et dix-neuf lettres d'Alcuin ou de ses correspondants transformées en formules. Restent donc soixante-dix-sept pièces inédites, dont la plupart n'offrent à la vérité que des modèles assez communs du style épistolaire, mais dont quelques-unes reproduisent les actes les plus fréquents de la vie juridique.

On voit par cette simple nomenclature que le recueil dont il s'agit appartient à cette classe de compilations *composites* dont j'ai parlé plus haut. L'usage que l'auteur a fait des lettres d'Alcuin prouve que la correspondance de ce savant avait été recueillie, comme autrefois celle de Pline et de Cicéron, et qu'elle était de même exploitée par les maîtres de l'art épistolaire. C'est ainsi que Mabillon avait déjà rencontré dans un manuscrit de Saint-Emmeran de Ratisbonne, sous le titre de *Epistolæ ex quorumdam novorum doctorum libris excerptæ*, quarante-deux lettres du même auteur, transformées également en formules par la suppression des noms propres et des dates, et dont un ingénieux rapprochement lui révéla le véritable caractère [1]. Je ne serais même pas étonné que parmi les fragments de notre formulaire, que j'ai considérés comme inédits, il n'y eût encore quelques pièces émanées de l'illustre ami de Charlemagne : le style d'un certain nombre de ces pièces et les pensées qui s'y trouvent exprimées me le font supposer. Malheureusement je n'ai pu étendre mes recherches au delà de l'édition, devenue classique, dans laquelle D. Froben a réuni toutes les lettres d'Alcuin successivement découvertes et publiées par Canisius, Duchesne, d'Achery, Mabillon, D. Martène et Bernard Pez [2]. Il existe cependant des manuscrits qui n'ont point encore été dépouillés ; il y en a notamment en Angleterre, dont Froben avait sollicité vainement la communication, et ce n'est qu'après avoir

[1] Cf. Mabillon, *Vetera analecta*, p. 398, édition in-folio.

[2] *Beati Flacci Albini seu Alcuini opera, cura et studio Frobenii abbatis ad S. Emmerannum*; Ratisbonne, 1777, 2 vol. in-folio.

exploré toutes ces sources, qu'on pourra vérifier l'exactitude de ma conjecture.

Comme la plupart des formulaires de l'époque Carlovingienne, celui du manuscrit de Munich est anonyme; mais les indications géographiques et chronologiques, que le rédacteur a laissé subsister, suffisent, quoique en petit nombre, pour nous faire connaître le temps et le pays où il a été composé. La formule 58 reproduit un acte de donation faite au monastère de Saint-Pierre et Saint-Rupert; et la double circonstance exprimée dans cet acte que le corps de saint Rupert reposait dans l'église, et que la communauté avait pour chef un évêque, rappelle nécessairement à notre esprit le monastère de Saint-Pierre de Salzbourg. On sait, en effet, que c'est dans ce monastère que fut enseveli l'apôtre de la Bavière, et que les premiers évêques de Salzbourg y eurent leur siége épiscopal, jusqu'à l'époque où l'archevêque Conrad Ier le transféra dans la nouvelle basilique élevée par saint Virgile[1]. C'est évidemment à la même communauté que sont faites les libéralités contenues dans les formules 1, 17 et 59, où l'église de Saint-Pierre se trouve également nommée. La mention de l'église de Sainte-Marie, qu'on rencontre dans la formule 16, doit probablement être rapportée à l'église cathédrale de Freising, qui était, en effet, dédiée à la sainte Vierge, et relevait de la métropole de Salzbourg[2]. Enfin, si l'on veut bien remarquer que la plupart des lettres empruntées à la correspondance d'Alcuin sont adressées à l'archevêque Arnon[3], désigné, selon l'usage du temps, par le surnom latin d'*Aquila*[4], on demeurera convaincu que le rédacteur de notre formulaire a eu à sa disposition les chartes de plusieurs églises ou monastères de la Bavière, et qu'il vivait sous les premiers successeurs de Charlemagne.

[1] Hansiz, *Germania sacra*, t. II, p. 11, 86, 87.

[2] Meichelbeck, *Historia Frisingensis*.

[3] Arno, sixième évêque et premier archevêque de Salzbourg, de 785 à 821.

[4] *Histoire littéraire de la France*, IV, 22, 23.

J'ai considéré jusqu'ici ce formulaire comme formant une seule et même collection. Je crois cependant qu'en l'étudiant dans tous ses détails, et pour ainsi dire en le disséquant, on peut arriver à démontrer qu'il est composé de deux recueils distincts et juxtaposés. On remarque, en effet, dans les quarante-quatre premières formules, un certain ordre méthodique, une classification régulière des matières. Cette partie, qui me paraît constituer le premier recueil, commence par des actes de précaire, de vente, d'échange, de donation, d'affranchissement, à la suite desquels viennent les modèles de lettres proprement dites. On peut signaler la même disposition dans la seconde partie, où les formules d'actes royaux et juridiques précèdent également les simples correspondances. Si le formulaire tout entier était l'œuvre du même auteur, on comprendrait difficilement qu'il n'eût pas rapproché les unes des autres les pièces de même nature. L'ordre que j'ai indiqué, et qui se reproduit à deux reprises, ne saurait être l'effet du hasard ; il dénote évidemment un certain esprit de système, et la conjecture que je propose me paraît seule pouvoir l'expliquer.

Cette conjecture reçoit, du reste, une nouvelle confirmation du manuscrit de Copenhague, dont il me reste à donner la description. Ce manuscrit, qui porte aujourd'hui dans la bibliothèque royale le numéro 1943, appartenait autrefois à la bibliothèque de Gottorp, fondée en 1606 par les ducs de Holstein-Gottorp, et réunie à la bibliothèque royale en 1749, après que les ducs de Holstein-Gottorp eurent perdu leur part du Sleswig, et que la ville de Gottorp eut cessé d'être résidence ducale [1]. Il est de format in-8°, et comprend quatre-vingt-seize feuillets de parchemin ; l'écriture, à deux colonnes, paraît être du dixième siècle. Les vingt-cinq premiers feuillets contiennent un texte de la *Loi Salique*, sans gloses malbergiques, et conforme à la rédaction connue sous le nom de *Lex emendata* ; les feuillets

[1] Abrahams, *Description des manuscrits français du moyen âge de la bibliothèque royale de Copenhague*, 1844, in-4°.

25-64 renferment un texte de la *Loi des Ripuaires* et de la *Loi des Allemands*; les feuillets 64-67 sont remplis par une homélie sur les devoirs qu'impose la qualité de chrétien; enfin, du folio 67 au folio 81 inclusivement, s'étend une collection de trente-deux formules, divisée en deux sections, dont la première comprend, sous le titre d'*Epistolæ*, dix modèles de lettres proprement dites, et la seconde, sous le titre de *Cartæ*, vingt-deux modèles d'actes juridiques. Il n'est pas sans intérêt de faire ressortir le mérite de cette division, bien plus logique que celle de Marculfe, et qu'on peut signaler comme une preuve d'intelligence fort rare chez les copistes du moyen âge; mais ce qu'il importe surtout de faire remarquer, c'est que les vingt-deux documents qui forment la seconde section répondent précisément aux vingt-deux formules d'actes juridiques comprises dans la première partie du manuscrit de Munich. N'est-on pas autorisé à conclure de cette coïncidence que les deux rédacteurs ont mis à contribution un même original, qu'ils se sont approprié l'un et l'autre un formulaire plus ancien et exclusivement légal, et qu'ils l'ont augmenté et complété par l'adjonction d'un certain nombre de lettres puisées à des sources différentes? Ne peut-on pas en conclure aussi que ce formulaire ainsi remanié forme une collection indépendante, distincte de celle qui la suit dans le manuscrit de la bibliothèque royale de Munich?

Quoi qu'il en soit, j'ai pensé que la publication de ce nouveau recueil ajouterait quelque chose aux connaissances que nous possédons sur l'état juridique et social de l'empire Carlovingien, et j'espère qu'à ce titre elle sera reçue avec bienveillance. J'ignorais, quand je l'ai entreprise, que M. le docteur Rockinger s'occupât du même travail. Mon édition était déjà sous presse, quand j'ai eu communication de l'ouvrage intitulé: *Drei Formelsammlungen aus der Zeit der Karolinger*, dans lequel ce savant a réuni le formulaire dont il est ici question, celui que j'ai donné dans le tome IV de la *Revue historique de droit français* et celui que M. Dümmler a publié en 1857, sous le titre de *Formelbuch des Bischofs Salomo III von Konstanz*. J'ai donc eu le regret de ne pouvoir profiter de son texte pour rectifier le mien, que j'imprime d'après la copie que j'avais faite, il y a quelques années, à Munich. J'y ai joint les variantes tirées du manuscrit de Copenhague, ainsi que les dix formules de lettres qui forment la première section de ce manuscrit, et dont je dois la communication à l'obligeance de M. le premier bibliothécaire Verlauff.

FORMULARIUS EPISTOLARUM

LIBER BREVIARIUS UNIUSCUIUSQUE REI.

I.

INCIPIT CARTA DONATIO AD CASAM DEI (*a*).

(Copenhague, n° 11; Lindenbrog, n° 18.)

II.

ITEM ALIA DONATIO [1].

(Copenhague, n° 12.)

Domino inlustri et in Christo patri illi [2] de monasterio illo, quod est constructum infra muros civitatis illius [3], una cum turba [4] plurima canonicorum ibidem consistentium, vel ubi præciosus domnus et sanctus ille corpore requiescit, seu cetero-rum sanctorum, quorum reliquiæ ibidem haberi noscuntur. Quamobrem ego, in Dei nomine, ille, cogitans de Dei timore, vel pro animæ mææ remedio, seu pro eterna bona retributione, propterea [5] dono trado ad ipsum præfatum monasterium omnem rem portionis mææ, id est in pago illo, in loco nuncupante illo, super fluvio illo, id est mansos tantos cum domibus, edificiis,

[1] Cop. *Item aila.* — [2] Cop. *illi episcopo.* — [3] Cop. *muro illo civitatis.* — [4] Cop. *turma.* — [5] Cop. *idcirco.*

(*a*) Cette donation est faite à un monastère consacré *in honore sanctorum illorum apostolorum Petri et Pauli seu celerorum sanctorum, quorum reliquiæ ibidem haberi noscuntur.* J'ai montré dans l'*Introduction* que ce monastère devait être celui de Saint-Pierre de Salzbourg. L'édition de Lindenbrog porte simplement : *in honorem sancti illius.*

curtiferis, cum vuadriscapis (a), terris arabilibus [6], silvis, campis, pratis, pascuis, farinariis, communiis, vineis, adiacentiis, appendiciis et mancipiis ibidem conmanentibus vel aspicientibus utriusque sexus, rem inexquisitam, totum et ad integrum, quicquid dici vel nominari potest, undecumquæ ibidem mea videtur esse possessio vel dominatio, omnia et ex omnibus, tam de alodo quam et de comparato seu de quolibet adtracto [7], quod ad me ibidem noscitur pervenisse, ad ipsum iam dictum monasterium [8], ad opus sancti illius, a die præsente, per hanc cartulam donationis, sive per festucam atque per andelangum, ad ipsam ecclesiam superius nominatam dono trado atque perpetualiter in omnibus transfirmo dominatione perpetua; ea scilicet ratione ut quicquid exinde pars prædicti monasterii [9] ab hodierna die facere voluerit, liberam ac firmissimam, Christo propitio [10], in omnibus habeat [11] potestatem. Et si quis deinceps, quod futurum esse non credo, si ego ipse, quod absit, aut ullus quilibet de heredibus ac proheredibus meis, seu quælibet extranea persona, qui [12] contra hanc cartulam donationis malo ordine [13] venire aut eam calumniare præsumpserit [14], a liminibus sanctæ Dei ecclesiæ excommunicatus [15] et divisus [16] appareat, et insu-

[6] Cop. *arabilis.* — [7] Cop. *adtractum.* — [8] Cop. *ad ipsam iam dictam ecclesiam.* — [9] Cop. *prædictæ ecclesiæ.* — [10] Les mots *Christo propitio* manquent dans Cop. — [11] Cop. *videatur habere.* — [12] Ce mot manque dans Cop. — [13] Les mots *malo ordine* manquent dans Cop. — [14] Cop. ajoute *si se exinde non correxerit.* — [15] Cop. *excommunus.* — [16] Cop. *indivisus.*

(a) L'expression *vuadriscapis* se rencontre assez fréquemment dans les formules tirées des deux manuscrits de Munich et de Copenhague, mais avec des variantes qui en rendent l'interprétation douteuse. Si l'on admet la leçon habituelle du manuscrit de Copenhague, *vuadris campis*, il faut reconnaître l'existence de deux mots distincts, et traduire le premier, comme l'a fait D. Carpentier dans ses additions au *Glossaire* de Du Cange, par *bois, forêts.* Si on préfère la leçon du manuscrit de Munich, *vuadris capis*, il faut également reconnaître l'existence de deux mots, et traduire le premier par *forêts*, le second par *fossés, rigoles, ruisseaux* (Cf. Du Cange, *Glossarium*, v° CAPA). Mais on remarquera que les mots *agris, terris, silvis*, se lisent dans les mêmes formules à la suite des mots *vuadris campis* ou *capis*, et on comprendrait difficilement l'accumulation dans une seule phrase d'un aussi grand nombre de termes synonymes. Je crois donc qu'il vaut mieux voir dans *vuadriscapis* un mot unique, formé des deux mots saxons *waeter* et *schap*. C'est l'opinion de Du Cange, *Glossarium*, v° WATRESCAPUM, et de Kilian Duflæus, *Etymolog. teuton. linguæ* (éd. Hasselt, 1777, in-4°), qui traduisent tous deux cette expression par *aquagium* ou *aquæductus*. La comparaison des manuscrits de Munich et de Copenhague démontre d'ailleurs l'exactitude de cette interprétation. Dans les formules I, III, XIII, XXI, les mots *cum vuadris campis* du manuscrit de Copenhague sont rendus dans le manuscrit de Munich par les mots *cum aquarum ausibus*, *cum puteis*

per in die tremendi iudicii propter hoc rationes deducat, contra quem vero calumniam intulerit, auro untias tantas, argento libras tantas coactus exsolvat, et quod repetit nullo modo evindicare prævaleat, sed præsens hec donatio meis et me rogantibus bonorum hominum manibus roborata, quorum nomina vel signacula subter tenentur inserta[17]...

Actum...

III.

PRECARIA AD CASAM DEI.

(Copenhague, n° 13; Lindenbrog, n° 19.)

IV.

PRESTARIA DE CASA DEI.

(Copenhague, n° 14; Lindenbrog, n° 20.)

V.

COMMUTACIO INTER EPISCOPUM ET ABBATEM.

(Copenhague, n° 15.)

Nilhil[1] sibi quispiam cernitur minuendum, unde[2] econtra recipit in augmentum[3]. Idcirco conplacuit atque convenit inter venerabilem virum episcopum illum[4] de civitate illa necnon et venerabilem virum illum abbatem de monasterio illo, ut ubicumque[5] congruus vel oportunus inter eos evenerit locus, alter alteri de rebus eorum inter se oportunitatem facere deberent, quod ita et fecerunt. Dedit itaque venerabilis vir ille episcopus illi abbati[6] de rebus sancti illius, quas ipse regere videtur, in concambio, id est villa nuncupante illa[7], super fluvio illo, quam venerabilis vir ille ad opus sancti illius visus fuit tra-

[17] Cop. ajoute *stipulatione interposita, diuturno tempore maneat inconvulsa.*

[1] Cop. *Nihil.* — [2] Cop. ajoute *sibi.* — [3] Cop. *aumentum.* — [4] Cop. *virum illum episcopum.* — [5] Cop. *ubi.* — [6] Cop. *abbate.* — [7] Cop. *id est villa nuncupante illa in pago illo, in loco nuncupante illo.*

vel fontibus, cum aquarum decursibus, oportunitatibus. Il est certain que les copistes n'auraient pas usé de cette liberté de transcription, s'ils n'avaient pas considéré ces différentes expressions comme équivalentes.

didisse, hoc est mansos tantos cum domibus, edificiis, curtiferis, cum vuadriscapis[8], terris arabilibus[9], silvis, campis, pratis, pascuis, vineis, farinariis, vel quicquid in ipso loco sua fuit possessio vel dominatio. Sim[li]ter[10] visus est reddere ille abbas de rebus ecclesiæ suæ, quas ipse regere videtur, hoc est[11] in pago illo, in loco nuncupante illo, super fluvio illo, id est villa nuncupante illa[12], quam venerabilis vir ille ad opus sancti illius visus fuit tradidisse, hoc est mansos tantos, *et reliqua*[13] *sicut superius insertum est* : in tali[14] vero ratione has duas epistolas uno tenore conscriptas inter se fieri vel firmare rogavæ-runt, ut unusquisque quod a pare suo[15] accipere visus est, hoc a die præsente habeat, teneat atque possideat, vel quicquid exinde facere voluerit, liberam in omnibus habeat potestatem. Et si quis de eis aut de successoribus eorum aliquid de hoc[16] contra pare suo inmutare vel refragare templaverit, dupliciter contra quem repetit conponere cogatur, id est quantum ipse concambius eo tempore emelioratus valuerit coactus exsolvat, et insuper[17] quod repetit nullum obtineat effectum, sed præsentes commutationes ab eis[18] seu ceterorum venerabilium hominum[19] manibus roboratæ, quorum nomina vel signacula subter tenentur inserta, firmæ et stabiles permaneant[20].

Actum anno illo[21].

VI.

TRADITIO CUILIBET HOMINI.

(Copenhague, n° 16; Lindenbrog, n° 152.)

VII.

LIBELLUM DOTIS.

(Copenhague, n° 17; Lindenbrog, n° 75.)

VIII.

VENDITIO DE RE CUIUSLIBET.

(Copenhague, n° 18; Lindenbrog, n° 127.)

[8] Cop. *vuadris campis.* — [9] Cop. *arabilis.* — [10] Cop. ajoute *etiam.* — [11] Cop. ajoute *illi episcopo in conpensationes titulum ad opus sancti illius.* — [12] Les mots *id est villa nuncupante illa* manquent dans Cop. — [13] Cop. *reliquum.* — [14] Cop. *in ea.* — [15] Cop. ajoute *præsenti tempore.* — [16] Cop. ajoute *concambio.* — [17] Ce mot manque dans Cop. — [18] Cop. ajoute *vel a fratribus eorum.* — [19] Ce mot manque dans Cop. — [20] Cop. ajoute *cum stipulatione interposita, diuturno tempore maneant inconvulsa.* — [21] Les mots *anno illo* manquent dans Cop.

IX.

INGENUITAS QUAM POTEST SERVUS [AD] SERVUM SUUM FACERE.

(Copenhague, nº 19; Lindenbrog, nº 103.)

X.

INGENUITAS GENERALIS.

(Copenhague, nº 20; Lindenbrog, nº 96.)

XI.

INGENUITAS RESPECTABILIS [1] (*a*).

(Copenhague, nº 21.)

Qui debitum sibi nexumque servitium relaxant [2], præmium ex hoc a Domno [3] in eterna beatitudine [4] retribuere confidunt [5]. Quapropter ego, in Dei nomine, ille et [6] coniux mea illa, ambo pariter cogitantes de Dei timore [7] vel eterna bona retributione, ut in aliquantulum pius Domnus de pecatis nostris in die iuditii aliquid nobis minuere dignetur, vernaculum [8] iuris nostri, nomine illo, ab omni vinculo servitutis absolvimus : ita ut a die præsente ingenuus sit et ingenuus permaneat, tamquam si ab ingenuis parentibus fuisset procreatus vel natus. Peculiare namque suum [9], quod habere videtur aut in posterum elaborare potuerit, sibi habeat concessum atque indultum. Mundeburde vero vel defensionem post obitum nostrum aliubi penitus non requirat [10], nisi ad sanctum illum [11], ad defendendum non ad inclinandum, et annis singulis ad solemnitatem sancti illius

[1] Cop. *Ingenuitatem respectabilem*. — [2] Cop. *relaxat*. — [3] Cop. *apud Dominum*. — [4] Cop. *æternam beatitudinem*. — [5] Cop. *confidimus*. — [6] Cop. *nec non et*. — [7] Cop. *amore*. — [8] Cop. *propterea vernaculo*. — [9] Cop. *Peculiare vere suo*. — [10] Cop. *requiratur*. — [11] Cop. *sancti illius*.

(*a*) Le mot *rspectabilis* n'appartient pas à la latinité classique, et ne se rencontre même que rarement dans la basse latinité. Il est évidemment tiré de *respectus*, qui signifie au propre *vue, regard jeté en arrière*, et au figuré *égard, considération*. Ce dernier sens a reçu au moyen âge une large extension, et nous voyons dans un grand nombre de chartes que *respectus* était employé pour exprimer un *cens honorifique*, une *prestation fournie en signe de vassalité*. Je crois donc que le mot *respectabilis* est opposé ici au mot *generalis*, qu'on lit dans la rubrique de la formule précédente ; il indique une *restriction*, une *condition* imposée au concessionnaire, et il faut traduire *ingenuitas respectabilis* par *affranchissement sous condition*.

in mercede nostra denarios tantos exsolvere faciat, et, sicut iam diximus, semper valeat permanere bene ingenuus atque securus [12].

XII.

CARTA QUALITER NEPOTES CUM AVUNCULIS SUIS IN LOCO PATERNO SUCCEDERE DEBEANT.

(Copenhague, nº 22 ; Lindenbrog, nº 55.)

XIII.

DONATIO INTER VIRUM ET UXOREM.

(Copenhague, nº 23 ; Lindenbrog, nº 50.)

XIV.

CARTA AD NEPOTES.

(Copenhague, nº 24 ; Lindenbrog, nº 57.)

XV.

CARTA INTER VIRUM ET UXOREM.

Quicquid enim inter coniugatos aut propinquos de propriis facultatibus, monente caritate, pro amore dilectionis invicem alicui condonare placuerit, hoc scripturarum necesse est titulis alligare, ne in posterum ab heredibus eorum vel a quocumque possit evelli. Idcirco ego, in Dei nomine, ille. Dum inter me et coniugem meam illam procreatio filiorum minime esse videtur, convenit nobis ut omnem rem proprietatis nostræ inter nos fructuario ordine condonare deberemus. Propterea dono tibi, o dulcissima coniux mea, si mihi in hoc seculo superstis fueris, omnem rem proprietatis meæ, tam de alode quam et de conparato vel de quolibet adtracto, ubicumque aliquid habere videor, et omne quod pariter in coniugio positi laboravimus, id est tam in terris quam in silvis, campis, pratis, pascuis, perviis, appenditiis, domibus, accolabus, mancipiis, vineis, cum aquarum decursibus,

[12] Cop. ajoute : *Si quis contra hanc ingenuitatem venire aut eam frangere voluerit, si se exinde non correxerit, cui litem intulerit auro uncias tantas, argento libras tantas coactus exsolvat, et quod repetit nullum obtineat effectum, sed præsens ingenuitas ista mercesque nostra omni tempore firma et stabilis permaneat cum stipulatione subnexa, a diuturno tempore maneat inconvulsa. Actum...*

hoc non aurum et argentum, vestimenta, pecora, cum omnibus quæ dici vel nominari possunt.

XVI.

DONACIO AD ECCLESIAM DEI.

Honoranda nobis atque omni præconio laudis est celebranda ecclesiæ [1] beatæ Mariæ semperque virginis, matris domni nostri Jesu Christi, quæ sita est infra murum civitatis illius, quam venerabilis vir ille regere videtur (*a*). Igitur ego, in Dei nomine, ille, cogitans de Dei timore vel æterna bona retributione, propterea dono a die præsente ad ipsam ecclesiam superius nominatam omnem rem proprietatis meæ, in pago illo, in loco nuncupante illo, super fluvio illo, hoc est mansos tantos cum ædificiis superpositis, simulque cum terris cultis et incultis, pascuis, aquis aquarumve decursibus, mobile et inmobile, seu rem inexquisitam, necnon omnia, sicut superius dixi, quantumcunque ibidem mea videtur esse possessio vel dominatio, ad ipsam præfatam ecclesiam, per hanc cartulam donationis, sive per festucam atque per andelangum, ad opus sancti illius a die præsente perpetualiter transfirmo : ea scilicet ratione ut quicquid exinde rectores ipsius ecclesiæ aut defensores illius ab hodierno die facere voluerint, liberam in omnibus, Christo propitio, habeant potestatem. Et si aliquis postmodum, quod futurum esse non credo, si ego ipse, quod absit, aut ullus quislibet de heredibus ac proheredibus meis, vel quælibet alia persona, contra hanc donationem aliquam calumniam generare præsumpserit, si se exinde non correxerit, a liminibus sanctæ Dei ecclesiæ excommunicatus et sequestratus appareat, et insuper inferat partibus supradictæ ecclesiæ in auro untias tantas, in argento libras tantas, eaque coactus exsolvat, et quod repetit nullo modo evindicare prævaleat, sed præsens hæc donatio meis et me rogantibus venerabilium virorum manibus roborata, quorum nomina vel signacula subter

[1] Corrig. *ecclesia*.

(*a*) J'ai montré dans l'*Introduction* que cette église devait être l'église cathédrale de Freising. Un diplôme publié par Meichelbeck, *Historia Frisingensis*, t. I, p. 177, n° CCCXXXIV, offre exactement le même préambule.

tenentur inserta, omni tempore firma et stabilis permaneat, stipulatione subnixa.

Actum...

XVII.

DONATIO AD CASAM DEI.

Inclitæ Deo sacratæ illi abbatissæ de monasterio illo, quod est dedicatum in honore sanctorum apostolorum Petri et Pauli seu ceterorum sanctorum. Ego, in Dei nomine, ille, et coniux mea illa, ambo igitur cogitantes de Dei timore, vel pro animæ nostræ salute, scilicet ut nobis pius Dominus aliquid de peccatis nostris in die iudicii relaxare dignetur, quapropter donamus, tradimus ad monasterium superius nominatum aliquam rem meam, in pago illo, in loco nuncupante illo, super fluvio illo, cum terris, silvis, campis, pratis, pascuis, communiis, adiacentiis, seu et mancipiis ibidem commanentibus vel aspicientibus, cum omnibus tam de alode quam et de conparato seu de quolibet adtracto, quæ ad nos ibidem noscuntur pervenisse, totum et ad integrum, a die præsente, per hanc cartulam donationis donamus, tradimus de nostro iure in iure et dominatione iam dicti monasterii : ea scilicet ratione ut quicquid exinde rectores ipsius ecclesiæ facere voluerint, liberam in omnibus habeant potestatem. Et si quis, *ut supra*.

XVIII.

VENDITIO DE RE [1].

(Copenhague, nº 25.)

Magnifico in [2] Christo fratri illi emptori, ego [3], in Dei nomine, ille. Notum est igitur me tibi vendidisse servum iuris mei [4], nomine illo, non fugitivum, non debilem, sed magis per omnia sanum atque incolomem, pro quo [5] accepi a te pretium taxatum, in quo mihi bene conplacuit atque convenit, id est solidos tantos ; in tali vero ratione ut pro ipso pretio ipsum iam dictum servum habeas, teneas [6], vel quicquid exinde facere volueris, liberam in omnibus habeas potestatem. Et si fuerit aliquis

[1] Cop. *de servo.* — [2] Ce mot manque dans Cop. — [3] Cop. *igitur ego.* — [4] Cop. *Constat me tibi vindidisse et ita vindidi, tradidisse et ita tradidi, hoc est servo iurisque mei.* — [5] Cop. *unde.* — [6] Cop. ajoute *atque possedeas.*

deinceps, si ego ipse, aut ullus quislibet de heredibus, vel quæ-[libet] [7] extranea persona, qui contra hanc venditionem aliquam calumniam repetere conaverit, cui litem intulerit in auro untias tantas, in argento libras tantas coactus exsolvat, et hæc venditio meis et me rogantibus bonorum hominum manibus roborata, quorum nomina vel signacula subter tenentur inserta, firma et stabilis permaneat, stipulatione interposita [8], diuturno tempore maneat inconvulsa [9].

Actum...

XIX.

CARTA CONPOSITIONALIS.

(Copenhague, nº 26; Lindenbrog, nº 8?.)

XX.

TRACTATURIA IN PEREGRINATIONE.

(Copenhague, nº 27; Append. ad Marculfum, nº 10.)

XXI.

SI QUIS IN LOCO FILII ALIQUEM ADOPTARE VOLUERIT (*a*).

(Copenhague, nº 28; Lindenbrog, nº 58.)

XXII.

CARTA DE HOMICIDIO.

(Copenhague, nº 29; Lindenbrog, nº 124.)

[7] Cop. ajoute *ulla*. — [8] Cop. *subnexa*. — [9] Les mots *diuturno tempore maneat inconvulsa* manquent dans Cop.

(*a*) Cette formule a pour rubrique, dans le manuscrit de Copenhague et dans l'édition de Lindenbrog, *Tradicio respectualis*. Du Cange a pensé que le mot *respectualis* contenait une idée de réciprocité, et l'a considéré comme synonyme de *respectivus* (Cf. *Glossarium*, vº RESPECTUALIS). Je crois plutôt que *respectualis* a la même origine et le même sens que *respectabilis*, expliqué plus haut (Cf. p. 21, note *a*). Ce sont deux formes différentes du même mot, qui expriment toutes deux la *condition* imposée, soit à l'affranchissement, soit à l'adoption ou institution d'héritier.

XXIII.

CARTA TRISCABINA (a).

(Copenhague, nº 30 ; Lindenbrog, nº 88.)

XXIV.

[*Sine rubrica.*]

(Copenhague, nº 31 ; Lindenbrog, nº 169.)

XXV.

INDICOLUM AD QUEMLIBET EPISCOPUM SIVE ABBATEM VEL COMITEM.

Venerabili in Christo patri N. episcopo, ego N., ac si indignus alumnus vester, æternam vobis in Domino per has exiguitatis litteras opto fore salutem. Deinde suggerimus almitatem vestram ut illas iustitias nostras, quæ in ipso vestro ministerio adiacent, pleniter inquirere faciatis, et per ipsum missum nostrum, quem ad vos direxerimus, quicquid exinde agere potueritis nobis innotescere studeatis. Insuper etiam petimus benivolentiam vestram ut nobis aliquid de silva ad opus ecclesiæ nostræ vel monasterium nostrum restaurandum dare iubeatis, quantum vobis possibile fuerit. Sic exinde agite quomodo per vestram benivolentiam confidimus ; et si nobis aliquid tale iniunxeritis, scitote omnimodis nos cum omni benivolentia vestram obsecundare iussionem. Vale.

XXVI.

INDICULUM AD QUODDAM MONASTERIUM.

Dominis ac venerabilibus fratribus nostris in monasterio illo degentibus, ille, omnium servorum Dei servus, rosifluam in Christo atque inmarciscibilem opto salutem. Siquidem vestris

(a) Aucun des auteurs qui ont publié ou cité cette formule n'a cherché à expliquer le mot *triscabina*. Ce mot me paraît indiquer la présence de *trois scabins*. Il est possible que dans certaines occasions les actes d'affranchissement fussent rédigés dans le *mallum* et revêtus de la signature de trois juges ; cette intervention était peut-être nécessaire dans le cas particulier prévu par cette formule, lorsqu'une femme libre enlevée par un esclave formait sa réclamation dans les délais fixes par la loi Salique. Cf. Pardessus, *Loi Salique*, p. 519.

sacratissimis precibus nos commendamus, obsecrantes clementiam vestram ut sine intermissione die noctuque nostri memoriam habeatis, quatenus ubique vestris adiutus suffragiis liberius valeam cœnosum hunc ac lubricum callem inleso pede transire, ut quandoque nexibus corporeis hinc absolutus æthereis merear thalamis mancipari. Commonere etiam maluimus dilectionem vestram ut reli[gi]onis propositum et caritatis vinculum in invicem conservetis, ut, sicut docet apostolus : *Alter alterius onera portetis, ut sic adimplere valeatis legem Christi* (a); et sicut aspicitis periculum nostrum, si vobis non administraverimus ea quæ vobis sunt necessaria, id est vestrarum animarum remedia, ita aspicite et vestrum discrimen, si non ex[se]quentes fueritis ea quæ vobis sunt oportune a nobis inpensa; et sicut præmonuit nos isdem princeps pastor ecclesiæ : *Adtendite vobis et universo gregi, in quo vos Spiritus Sanctus posuit episcopos regere ecclesiam Dei, quam adquisivit sanguine suo* (b). Et ne forte aliquando nobis contingat illud audire, quod per pro[p]hetam Ezechielem olim prædixit dicens : *Ve pastoribus Israël, qui pascebant semetipsos, et gregem meum non pascebant; quod crassum erat adsumebatis, et quod debile et infirmum proiciebatis. Nonne greges pascuntur a pastoribus* (c)? Ideoque sit onerosum quod isdem propheta in consequentibus ait : *Si autem non adnuntiaveris impio ut avertat se ab iniquitate sua, ipse impius in iniquitate sua morietur, sanguinem vero eius de manu tua requiram; quod si adnuntiaveris impio ut avertat se ab iniquitate sua, et ille non fuerit reversus, ipse impius in iniquitate sua morietur, tu autem animam tuam liberasti* (d). Nobis enim convenit vos commonere de omnibus quæ ad veram pertinent salutem, et vos cooperatores oportet fieri, sicut diximus, in his quæ vobis salubriter sunt a nobis inpensa. Valete.

XXVII.

EPISTOLA DEPRECATORIA.

Domino venerabili et in Christo magnifico N. episcopo vel abbati, ego, in Dei nomine, N., ac si infimus servorum Dei

(a) *Ep. B. Pauli ad Galat.*, VI, 2.
(b) *Act. apostol.*, XX, 28.
(c) *Ezech.*, XXXIV, 2, 3, 4.
(d) *Ibid.*, III, 18, 19.

servus, cum omni congregatione sancti illius, vobis intemeratam inviolabilemque in Domino salvatore optamus salutem. Culmine sanctitatis vestræ nostri desiderii vota suggerere decrevimus, unde primitus obsecramus almitatem vestram ut nostri memores esse dignemini in vestris sacris precibus, sicut et de omnibus agere soliti estis, qui vestræ se dilectioni commendare studuerunt. Rursumque deposcimus clementiam vestram ut istum vestrum hominem, qui ad nos hac de causa confugit, eo quod se culpabilem contra vos sensit, ut ei nihil mali pro hac causa fatiatis, sed pro amore Dei et nostræ devotionis optentu hanc ei causam ad integrum concedere iubeatis. Taliter ex hoc agite qualiter in omnibus per vos bene confidimus. Iam vero altissimo pro vobis incessenter fundimus preces, ut coronam beatitudinis vestræ pro integritate fidei et statu ecclesiæ suæ longo tempore præcipiat conservari, nosque inter oblatrantia huius mundi varia et innumera discrimina munitos reddat vestræ intercessionis suffragio. Valete.

XXVIII.

INTER DUOS COMITES.

Magnifico in Christi seu inlustri viro N. comiti, ille gratia Dei itemque comes, salutem vobis perennem in Domino semperque felicem optamus. De reliquo vero deprecor benivolentiam vestram ut istius hominis causam N. ad integrum inquirere fatiatis, eiusque iustitiam pleniter ac diligenter investigare iubeatis de omnibus, undecumque vestræ suggesserit pietati. Insuper etiam deposcimus clementiam vestram ut illam exactionem, quam vobis exsolvere debet, ei ad integrum relaxare fatiatis, sicut in vestram confidimus clementiam. Scitote enim quod si nobis aliquid tale a vobis fuerit iniunctum, cum omni beni[vo]lentia in omnibus vestram adimplere cupimus voluntatem; non solum exinde, sed et aliunde, undecumque possumus, vestram libenter cupimus explere iussionem.

XXIX.

AD COMITEM.

Venerabili atque omni præconio honorando N. dono Dei comiti, ille igitur fidelis et bene cupiens vester in omnibus, per has exiguitatis nostræ litterulas ætheream vobis in Christo semperque quam felicem optamus fore salutem. Deinde vero cognoscat industria vestra quod de illa re, unde nobis per vestras litteras et missus vester percunctari nobis ex vestra dignatione procuravit, quantum inde potuimus vel quantum possibilitas nostra exegit, ita in omnibus vestram petitionem adimplere studuimus. Similiter etiam de illa re, quæ nobis expostolastis, quantum exinde potuimus, vestram peregimus iussionem. Denique etiam notum sit dilectioni vestræ quod, undecumque nobis iniungatis, vestrum per omnia cupimus adimplere decretum. Valete.

XXX.

INTER PONTIFICES DESTINANDA.

Domino almifico atque omni honore dignissimo N. nutu Dei antestiti, N. ac si infimus omnium servorum Dei famulus, vestræque dignationi super modum fidelis, ætheream vobis atque rosifluam in Christi sanguine, tam per has exiguitatis nostræ litterulas quamque et per portitorem earum, optamus vobis in Christo semper felicem fore salutem. In reliqu[u]m vero deposcimus almitatem vestram ut me humillimum servulum vestrum in vestris sacris precibus participem habere dignemini, vestrisque consortibus dilectionis obtentu copulare nitemini. Et quia terrarum longitudo non separet quos Christi nectit amor, idcirco expeto almitatem vestram ut deinceps fraternam caritatem invicem ad nos conservetis, atque individuo amore Christi nos alterutrum diligamus. Illud vero super omnia commendamus ut caritas Christi, *quod est vinculum perfectionis* (*a*), inlibata perseveret apud nos. Denique etiam omnimodis scitote quia, quantum suffitientes sumus, libenter in omnibus vestram exsequi cupimus voluntatem. Insuper etiam quæsumus benivolentiam vestram ut illum hominem vestrum N., qui ad nostram confugit parvitatem, hac de causa nihil mali fatiatis, sed ei per omnia hanc noxam nostro obtentu concedere dignemini. Gratia superna vos conservari fatiat per tempora multa, auxilioque Christi munitus valeas superare Leviathan.

(*a*) *Epist. B. Pauli ad Coloss.*, III, 14.

XXXI.

RESCRIPTUM AD EUNDEM PONTIFICEM.

Reverentissimo atque omni dignitate ac laude præferendo N. gratia Dei antestiti, N. igitur ac si infimus universali ecclesiæ Dei sanctæ vernaculus, purpoream vobis in Christi sanguine bis tinctamque semper opto salutem. Susceptis quidem a vestra dignatione sanctissimis litteris atque summatim per omnia recitatis, satis habundeque gavisus eo quod me vilissimum atque inparem in omnibus vestræ dilectioni atque benignitati communem fieri censuistis, necnon etiam, et illud quod omnibus est maximum ac singulare præ ceteris bonum, orationum vestrarum præconiis participem esse maluistis. Insuper etiam maiorem exinde auximus letitiam eo quod caritatis atque unanimitatis iura indissolubili amore erga nostram parvitatem vos conservare conperimus, nostrisque exiguis precibus familiaritatis obtentu vos uni[ri] ac coniungi desiderasse perspeximus. Hac igitur ratione ratus sum ad vestram scribere fraternitatem, ut quod semel invicem professi sumus fixum in perpetuum ac stabile permaneat, ut deinceps in Dei omnipotentis amore confirmati alterna nos dilectione fovere studeamus, quatenus alternatim onera nostra portantes adimplere valeamus legem Christi. Unde vero nobis mandare voluistis, de illo scilicet N., sicut iussistis, ita per omnia exinde egimus, prout nobis intimare dignati fuistis. Hoc enim firmiter scitote quod non solum de tali ratione, sed et alia, undecumque nobis iniungitis, vestræ in omnibus obtemperare cupimus iussioni, sicut decet dilecto et karissimo fratri. Valeas in Christo, frater, semper feliciter, auxilioque superno ubique fretus cuncta quæ sunt nociva vel noxia postponas, et ea quæ sunt salubria et apta valeas adipisci.

XXXII.

INDICULUM AD EPISCOPUM PRO ALTERNA COMMENDATIONE.

(Marculf., II, 47.)

XXXIII.

AD QUEMLIBET SENIOREM.

(Pardessus, *Bibliothèque de l'Ecole des Chartes*, t. IV, p. 19, nº 7.)

XXXIV.

AD ABBATISSAM.

Dilectæ in Christo matri sororique amandæ N., ille ac si indignus serviens vester, perpetuam vobis per has commendatitias litterolas semper opto fore salutem. Alias vero deprecor almitatem vestram ut me humillimum servulum vestrum in vestris sacris ac Deo dignis precibus suscipere non dedignemini, quatenus ubique vestris adiutus suffragiis cœlestem quandoque merear adire patriam, angelorumque cœtibus admixtus eorum beatitudini dignus fieri, vestris pro me apud Deum intercedentibus meritis. Illud vero super omnia vestræ exposco clementiæ ut deinceps me commendatum habere dignemini tamquam fidelem et benivolum fratrem, quia, in quantum parvitati nostræ vires suppetunt, partibus vestris in antea satis fidelis ac benivolus semper esse cupio, et undecumque parvitati nostræ iniunxeritis, libente animo peragere cupio. Vale semper in Christo felix, beatissima mater vel soror.

XXXV.

INDICULUM PONTIFICI[S] AD GENETRICEM.

(Pardessus, *Bibliothèque de l'Ecole des Chartes*, t. IV, p. 19, n° 8.)

XXXVI.

EPISTOLA AD REGEM PRO ELEGENDO EPISCOPO.

(Marculf., I, 7.)

XXXVII.

EPISTOLA AD ARCHIEPISCOPUM PRO ALTERIUS SUCCESSORE.

(Marculf., I, 6.)

XXXVIII.

EPISTOLA REGIS PRO EPISCOPO ORDINANDO.

(Lindenbrog, n° 4.)

XXXIX.

ITEM REGIS AD ALIUM REGEM.

(Marculf., I, 10.)

XL.

EPISTOLA REGIS AD COMITEM.

Ille gratia Dei rex, vir inluster, magnifico viro N. Quidam fidelis noster N., ad præsentiam nostram veniens, nobis suggessit qualiter vos ei, nulla monente causa, hereditatem suam indebite abstulissetis et post vos iniuste retinuissetis, et nullam iustitiam exinde apud vos actenus consequi potuisset. Propterea præsentes litteras ad vos dreximus, per quas omnino iubemus ut, si taliter ei factum est qualiter nobis ipse suggessit, fatiatis ei reddere omnem rem proprietatis suæ, quicquid ei iniuste abstulistis, et secundum legem de omnibus ad integrum revestire fatiatis, qualiter [gratiam Dei] vel nostram vultis habere. Sin vero aliter feceritis, et aliquid habueritis quod contra illum opponere debeatis, non aliter fiat nisi vos ipsi, per indiculum nominatim commo[ni]ti, die [illo] mensis illius, simul cum eo ad nostram veniatis præsentiam eidem homini hac de causa integrum ac legale dare responsum.

XLI.

EPISTOLA AD REGEM DIRECTA.

(Marculf., I, 34.)

XLII.

REGIS TRACTATORIA MISSIS DOMINI[CIS].

(Marculf., I, 11.)

XLIII.

EPISTOLA AD COMITEM PALATII.

Magnifico et ab omnibus venerando inlustri viro N., palatii comiti, N., dono Dei episcopus, omnisque congregatio sancti illius, perpetuam in Domino salvatore salutem. Primum quidem notum sit magnificentiæ vestræ quod tam ego quam omnis adunatio sancti illius, vestris bonis meritis exigentibus, pro incolomitate vestra die noctuque Dominum deprecamur, ut vos salvos sanosque conservare dignetur. Deinde vero petimus clementiam vestram ut illas iustitias ecclesiæ vel monasterii sancti illius, quæ ad nos pertinere videntur, vestro examini præsententur, et eas ad liquidum sagax industria vestra perscrutari dignetur, quatenus ad rectum tramitem revocare satagat, obnixe deposcimus. Insuper vero ad illas alias iustitias, quæ infra pagum definire per nos non valemus, industriæ vestræ reservandas esse censuimus, quas etiam et regali auctoritate rectius per vos definiendas esse per omnia credimus. Agite itaque erga iustitias sancti illius qualiter nos in vestram benivolam confidimus caritatem. Nos igitur pro laboribus vestris dignum servitium vobis omni tempore exsolvere cupimus.

XLIV.

PRO DEFUNCTIS [1].

(Copenhague, n° 32.)

Reverentissimis fratribus [2] in monasterio N. commorantibus, nos siquidem minimi omnium [3] servuli vestri ex congregatione sancti N., perennem vobis in Domino salutem. De reliquo vero notum facimus almitati vestræ quod aliquis frater noster N. [4] ex hac luce discessit, die illo [5]; unde petimus benivolentiam vestram ut pro ipso studeatis communi voto ad Deum fundere preces, tam in psalmis quam et in missis [6] seu et in aliis assiduis orationibus vestris, quatenus eum amator hominum benignitatis inter sanctos et electos [7] suos collocare dignetur, partemque habere iubeat cum iis qui a dextris eius erunt [8], et vocem illam (ô quam desiderabilem!) audire [9] intonantis : *Venite, benedicti patris mei, percipite regnum quod vobis paratum est ab origine mundi* (a). Sic exinde agite qualiter in vos bene confidimus in omnibus.

XLV.

PRÆCEPTUM REGIS PRO MONASTERIO IGNE CREMATO.

(Marculf., I, 33.)

[1] Cop. *Indiculum a fratribus.* — [2] Cop. ajoute *nostris.* — [3] Cop. ajoute *servorum Dei.* — [4] Cop. *nomine illo.* — [5] Cop. *ex hac luce de quo fecit mensis illius illo visus est emigrasse.* — [6] Cop. *in missarum solempniis.* — [7] Les mots *et electos* manquent dans Cop. — [8] Cop. *sustenderunt.* — [9] Ce qui suit manque dans Cop.

(a) *Evang. sec. Matth.*, XXV, 34.

XLVI.

PRÆCEPTUM REGIS AD LOCA SANCTORUM ALIQUID TRADERE.

(Marculf., I, 14, §§ 1, 2, 4.)

XLVII.

CESSIO REGIS AD SANCTUARIA.

(Marculf., I, 15.)

XLVIII.

CONFIRMATIO REGALIS.

(Marculf., I, 16.)

XLIX.

ITEM CONFIRMATIO REGALIS.

(Marculf., I, 17.)

L.

PRÆCEPTUM REGIS DE SERVO PER DENARIUM INGENUUM RELAXATO.

(Marculf., I, 22.)

LI.

PRÆCEPTUM REGALE DE VENDITIONE CUIUSDAM REI.

(Lindenbrog, n° 171.)

LII.

DE PRIVILEGIO MONASTERII.

(Marculf., I, 2.)

LIII.

EMUNITAS AD LOCA SANCTORUM.

(Marculf., I, 3.)

LIV.

CONFIRMATIO REGALIS.

(Marculf., [illegible])

LV.

TRACTUR[I]A.

(Alcuini epist., nº 162.)

LVI.

[*Sine rubrica.*]

Omnibus venerabilibus viris et fratribus, episcopis, abbatibus, abbatissis, ducibus, comitibus, vicariis, centenariis, castaldiis, et omnibus credentibus et Deum timentibus in partibus Italiæ atque Romaniæ, per monasteria et urbibus atque vicis et villis, in Dei nomine, permanentibus, N. ego, quamvis indignus, non electione meritorum sed divina disponente gratia illius sanctæ ecclesiæ episcopus vel abbas sive provisor, in misterio sacro redemptionis exorantes, præsentis vite salutem et æternæ gloriæ coronam. Commendamus nos humiliter in sacris orationibus vestris, ut nostri memoriam coram Deo humiliter agere dignemini; vestra namque recordatio, veluti oportet, seduli inter nos habetur. Denique notum [facimus] omnibus vobis quia isti fideli nostro, una cum benedictione atque permissione, ita, sicut petiit, licentiam dedimus orationis causa Romam pergere, et [ad] limina beatorum apostolorum Petri et Pauli pro venia peccatorum suorum preces fundere. Proinde in amore Domini nostri Ihesu Christi et pro reverentia sanctorum apostolorum, quo devotissime tendit, ei licentiam per terminos atque fines vestros libere viam habere permittere humiliter rogamus, et in quantum oportunitas vestra fuerit hospitium et alia bona vestra ei largire dignemini; habetis Deum remuneratorem, qui dixit : *Hospes fui et suscepistis me, et quod uni ex minimis meis fecistis, mihi fecistis* (a). Valete in Domino, sanctissimi fratres.

(a) *Evang. sec. Matth.*, XXV, 35, 40.

LVII.

[*Sine rubrica.*]

Domino eximio meritoque honorabili pio pastori et sanctæ sedis præsuli N., humilis servulus vester, una cum ceteris sanctæ congregationis illius, seu cum totius fidelissimis assiduisque oratoribus sub canonica consistentibus cura, ineffabilem in Domino Ihesu Christo et sine fine salutem. Uberes agimus Deo grates quod adventum eximietatis vestræ litteris prævenire dignati estis, et ante contuitum misistis conloquium, ut vestro prius affectu quam aspectu frueremur, et diu desideratam noticiam epistolari solatiæ quodam modo gustantes, exspectaremus avidius et ardentius quod iocundius gratiusque caperemus. Sospites ubique vos conservet, orantibus nobis, celsithronus cosmi polique creator.

LVIII.

[*Sine rubrica.*]

Ille igitur utitur bene de istis transitoriis et caducis rebus, [qui] sibi studuerit invenire præmia sempiterna. Quapropter ego, in Dei nomine, et coniux mea, nomine illa, ambo pariter cogitantes de Dei timore, vel pro æterna bona remuneratione, donamus Deo et sancto Petro atque sancto Hrodperto, ad monasterium illud, ubi ille sanctus corpore requiescit, et ubi ad præsens ille episcopus rector ipsius sedis præesse videtur (*a*), aliquas res nostras, in pago illo, in loco nuncupante illo, super fluvio illo, cum omni supraposito, id est domibus, ædificiis, curtiferis, cum vuadriscapis, terris arabilibus, silvis, campis, pratis, pascuis, mobile et immobile, præsidiis, peculibus, pecoribus, omnia et ex omnibus, quicquid dici vel nominari potest, quod ad supradictum locum ad nos pertinere videtur; si vero in mancipiis, quorum nomina sunt, seu in manentibus, quorum hic nomina subter tenentur inserta : ea ratione tradimus ad supradictum monasterium post amborum ex hac luce discessum, ita ut agentes et rectores supradictæ sanctæ Dei ecclesiæ easdem res habeant, teneant atque possideant, vel quicquid exinde facere voluerint, liberam ac firmissimam, Christo propitio, in omnibus habeant potestatem.

(*a*) J'ai montré dans l'*Introduction* que ce monastère était celui de Saint-Pierre de Salzbourg, déjà mentionné dans la première formule.

Isti sunt testes per aurem tracti, qui ipsam traditionem viderunt et confirmare debent, quorum hic nomina subter tenentur inserta.

Actum in mallo publico, sub die [illo] mensis illius.

LIX.

[*Sine rubrica.*]

Quia pro æternæ beatitudinis memoria necesse est unicuique de istis transituris et caducis rebus æternæ beatitudinis gaudia querere, ideoque ego, in Dei nomine, ille, cogitans pro remedio animæ meæ, dono, trado atque in perpetuum stabile fieri decerno omnem rem proprietatis meæ, quicquid de paterna vel materna portione mihi contingit, ad monasterium Deo et sancto Petro (*a*), in pago illo, in loco nuncupante illo, totum quod proprium mihi viso esse fuit : eo tenore ut defensores ipsius suprà nominatæ ecclesiæ post meum ex hac luce discessum ipsas res habeant, teneant atque possideant, vel quicquid exinde facere voluerint, liberam ac firmissimam, sine ullius hominis impedimentum [seu] contradictionem, Christo propitio, in omnibus habeant potestatem.

Isti sunt testes, *ut supra.*

LX.

AD AMICUM COETANEUM.

Domino insigni et desiderabili in Christo patri N., pio pastori et sanctæ sedis præsuli, benivolus alumnus humillimusque discipulus N., quasi pronus prostratus in præsentia vestra, enixe humiliterque petens benedictionis vestræ gratiam. Salve, pater sancte, simul cum fidelium tuorum salute. Nos psalmorum cum carmine precamur hic assidue, missarum eque iugibus oblationum ac precibus, ut salus vobis animæ sanitas fiat et corporis. Ego indignus servulus vester per vestram sanctitatem optimam habeo confidentiam, quando a primevo iuventutis flore semper mihi familiaris fuistis.

Cetera metrum :

Spiritus Paraclitus omni veritatis doctrina et perfectæ caritatis scientia vestra respondeat pectora, reverentissime præsul.

(*a*) Voyez la note relative à la formule précédente.

Augeatur vobis salus vitaque perennis. Iam quondam fidelis mentem impatiens furor cum ferocitatis obstinatione et procaci elatione conturbabat animum; propter multorum exprobationem aliquá valenti conatur exprimere stilo, aliqua diro edissere eologio. Ammiror multum cuiusdam nimiam mentis furentiam. Irascitur ei qui ab illo avertere iram Dei nititur propter humilitatis formam; minatur ei qui pro eo Domini misericordiam deprecatur, inmemor mitissimi vocem, qui, cum pateretur, non comminabatur, qui pro illo lacrimas fudit, quas forsan ipse non emittit. Onerat adhuc crimen et cumulat, cum ipse sit inplicabilis. Quid surdæ aures salutaria ammonita non audivit, quid cæci oculi non vident penitentiæ iter? Quid percussa mens et aliænata remedia vitalia non recipit? Non recordans beati sententiam Gregorii, qui in dialogis refert, qui duplicavit pœnam iunioribus, quomodo ipse constrictus postea in manicis ferreis detinebatur; ubi præcedebat disciplina, sequebatur et venia. Aliquando legebatur aliquod elencum, divina promente voce : *Faciamus hominem ad imaginem et similitudinem nostram* (a). Scimus creaturæ Dei conpassionem debere, bellum conviciis de imagine Dei et interioris hominis, scimus quamplurima perlectu, quamvis intellectui et moribus non adheserint. De similitudine audiamus aliqua: summus conditor, qui hominem ad similitudinem suam creavit, est caritas, est bonus et iustus, patiens et mitis, mundus et misericors et cetera virtutum insigna quæ de eo leguntur ; ita homo creatus est ut caritatem haberet, ut bonus esset et iustus, ut patiens atque mitis, sive mansuetus, mundus et misericors foret; quas virtutes quanto plus quisque in se habet, tanto propius est Deo, et maiorem sui conditoris gerit similitudinem. An excedit menti quod commoti discipuli dixerunt ad Ihesum : *Domine, vis ut ignis veniat de celó et consumat illos?* Et ipse misericorditer conversus conpescuit vecordiam eorum dicens : *Nescitis cuius spiritus estis* (b). Quando omnipotentissimus in celo et in terra cum blanda ammonitione voluit suos mitigare sequaces, quid superbit terra et cinis, qui non vult cognoscere conditionem suæ naturæ et originem prosapie suæ, et potius vult imitari servum nequam, qui conservos suos non desiit vapulare, quam propitium Deum qui nos omnes suo pretioso sanguine redemit? Melius est

(a) *Genes.*, I, 26.

(b) *Evang. sec. Luc.*, IX, 54, 55.

bonis actibus sequi Deum quam malis consequi diabolum. Homo linguosus et temerarius in verbo suo odibilis est. Certe ille mansuetus est ad intelligendum Dei verbum, qui cum patientia et humilitate studet verum proferre responsum. Mansuetum diligit Deus, turbolentum repellit a se. Quantum enim quis in leni[tate] ac patientia cordis fuerit, tantum in corporis puritate et lucidior in anima coram Deo proficiendo solet esse.

LXI.

INCIPIT INDICOLORUM SALUTEM.

Domino præstantissimo et insigni karissimo patri prædicto illi episcopo, ille omnium servorum Dei famulus vesterque, ut ita dixerim, mansuetus, id est quasi manu vestra nutritus, servulus tantillus, æterne perennitatis in Domino Ihesu Christo orat et optat salutem. Solent plerumque de fonte caritatis etiam fluere verba salutationes; nunc vestra melliflua epistola, omni procul dubio auro obrizo dilectior, ad memoriam reducit quanta bona quantaque humilitate de vobis, magistro et pedagogo meo, amatori vestro[1], quem etiam nunc intercessorem vestum[2], ubicumque est, nullatenus dubito.

LXII.

ITEM ALIA.

Domino sancto et venerabili patri illi, ille una cum ceteris famulis ac fidelibus vestris die noctuque oratoribus in sancta religione degentibus, in dilectione Dei Patris et aspersione sanguinis Ihesu Christi Sanctique Spiritus amore salutem. Notum ergo sit vobis, venerabilis pater, quod omne quæ commendastis et qualiter fieri iussistis peracta a nobis et vobis bene placita fieri, Deo opitulante, credimus. Incolomem venerabilem intimare dignemini vestram.

LXIII.

[*Sine rubrica.*]

Domino sancto et omnium sanctæ Dei ecclesiæ filiorum præ-

[1] Corrig. *nostro.* — [2] Corrig. *nostrum.*

stantissimo præsuli atque reverentissimo patri apostolico a Deo et hominibus honorato, illius vilis vualvicola, fidelis tamen ex in- t..no corde serviens et in omnibus bene cupiens vester, æternæ coram Deo gloriæ veraciter salutem. Denique quasi proni prostrati ante sacra vestigia vestra humiliter nos commendamus sacris orationibus vestris, suppliciter deprecantes quatinus nostri coram Deo et sanctis eius et apud beatos apostolos memoriam vel semel habere dignemini. Nos vero una cum omnibus nobis a Deo subiectis, non solum cum ecclesiasticis viris, sed et cum alic plebe sancta Dei, pro vestra vita æterna et salute et pro longeva bona vestra prosperitate in hoc seculo divinam clementiam iugiter imploramus. Dei omnipotentis maxima clementia nobis largire dignetur longevis temporibus ad utilitatem sanctæ Dei ecclesiæ vel etiam desiderantissima nobis prosperitate vestra (a) ad augmentum christiani populi bonam et beatam prosperitatem vestram semper audire, quod nostrum est deprecare. Vestram tamen magnam clementiam et carissimam paternitatem humiliter deprecamur quatinus sacrosanctis litteris vestris desiderantissimam nobis sospitatem vestram nobis sepius letificare certos facere dignetur reverentia vestra, quam nobis divina pietas in omni bono proficientem et crescentem multis annis concedere dignetur.

LXIV.

[*Sine rubrica.*]

Dilectissimo et indissolubili caritatis nodo amplectabili, divina procurante gratia, summo pontifici illi, ille inmeritus præsul incontaminatam perennis gloriam ac salutem. Nos enim semper vestri recordamur in precibusnostris, rogamusque vos ut memores sitis nostri in precibus vestris.

LXV.

[*Sine rubrica.*]

Divinis muneribus ditato omniumque virtutum genere nobilissimo seu cum summo cordis gaudio nominando illi patri, illo

(a) Les mots *desiderantissima nobis prosperitate vestra* sont superflus et doivent être supprimés pour l'intelligence de la phrase ; s'ils devaient être conservés, il faudrait au moins les placer avant les mots *vel etiam*.

supplex vester in Domino salutem perspicuam. Sincerrima sunt namque inter absentes comercia littorarum, ut qui se mutuis conloquiis non valent confortari, invicem saltim per epistolæ stilum vicissim se intueantur, et quod locorum separat longarum divisio, iungat unanimitas inscribendi. Ceterum commendans me quippe sacris ac Deo dignis precibus vestris, simulque notum faciens, teste Deo existente, id ipsum a parvitate nostra pro vestra sospitate indesinenter perfici.

LXVI.

DE AMICITIA.

Acceptis igitur a bonitatis vestræ sacratissimis syllabis mellifluo calamo salubriter promptis gratulanterque perlectis, mens nimirum refert[a] mea eructuans inquit : *Quam dulcia faucibus meis eloquia tua, Domine* (a). Pro his namque seu muneribus diversorum scematum pulcherrima largitate etiam et pro salubri textu epistolæ ultra omnem seculi decus magnificas inflatus vestri rependimus grates, postolantes prorsus enixe sanctissimam caritatem vestram ut nostri nostrorumque memores in sacratissimis precibus vestris apud Deum sedulo esse dignemini.

LXVII.

[*Sine rubrica.*]

Domino reverentissimo viro apostolico sanctæ Dei ecclesiæ præsuli, immo totius huius provinciæ gubernatori, vestræ dilectionis unicus filius in Deo Christo salutem. Ut optime novit sagax prudentia vestra, æstas transiit, cauma recessit, autumnus advenit, hiemps propinquat, holera tabescunt, fronde[s] flavescunt, abeuntibus ciconiis irundines ire disponunt, herba iumentorum deficit; idcirco necessitas conpellit nobis exire paupertasque urguet me, deficiente herba, ut dictum est, pabulo iumentorum eundo et redeundo emere. Ergo mandato nobis per missum sive per epistolam seu quod fari veneræmur ipsi propius aliquantulum vel aliubi, quatinus lætos oculos, lætam faciem vultumque angelicum vestrum quivissem videre. Sin autem, ut prælibatum est, voluntatem vestram innotescite, quam non

(a) *Psalm.* CXVIII, 103.

solum equitando, verum etiam nudis pedibus currendo, implere in omnibus fideliter parati sumus. Nec promptiorem quempiam nobis invenire potestis nec fideliorem in omnibus. Igitur his vestra non nostra fiat voluntas. Valeat sublimitas vestra omnisque familia idéntidem; ut valeatis oro et semper opto.

LXVIII.

[*Sine rubrica.*]

Indissolubili vinculo individuæ sincerrimæque caritatis alis amplectendo illi, ille humilis terrigena in dulcedine vere caritatis salutem.

LXIX.

[*Sine rubrica.*]

Reverentissimo pontifici amabilique in Christo fratri illi, christicolarum Domini servulus, quamvis non electione meritorum, tamen divina annuente gratia sanctæ Dei ecclesiæ vernacula, in rosifluo Christi sanguine et in mysterio sacræ redemptionis salutem deposcimus et gloriam. Dilectionis vestræ mellifluas litteras, caritate conscriptas, fide sigillatas, omni procul dubio thesauro gratiores, grata suscepi dextera et læto legebam animo, intellegens in eis vestram paternitatem velle aliquam nostri memoriam habere. Unde uberrimas inpendimus grates, quum nomen vestrum apud confratres et consuffraganeos nostros radicitus cordis scriptum firmiter retinetur. Simili enim modo de nobis agere reverentiam vestram petimus.

LXX.

[*Sine rubrica.*]

Summo venerationis sublimato illi patri, ille, quamvis exiguus et vilis, tamen devotus serviens vester. Conlatum vobis honorem dignitatis a Domino longeva prosperitate manere iugiter exopto, quatinus velut alto capite bene valente in corpore inferiora membra rite, Deo donante, utilius regantur. Nunc vero humiliter quasi prostratus pedibus vestris commendo me gratiæ vestræ atque piis orationibus vestris, quatinus mei misericorditer memorare dignemini.

LXXI.

[*Sine rubrica*.]

Sereno atque per cuncta venerando illi, licet indignus, vester tamen per omnia fidelis, perpetuam in Domino Ihesu Christo salutem. Conloquium his diebus nobis habentibus synodale apud sedem nostram, vestri fecimus eodem modo quo et nostri mentionem. Unde suppliciter imploramus ut tam nos quam nostros orando protegi curetis, qualinus transacto tempore huius vitæ ad æternam convolemus. Hunc indiculum direximus [et] vestræ sanctitati mittimus, ut nosse valeatis nostram sospitatem; vos vestram iugiter nos scire ut faciatis rogamus.

LXXII.

[*Sine rubrica*.]

Reverentissimo religiosissimoque patri et venerando per omnia lucidoque pie caritatis magistro, licet indignus, divina clementia episcopus, fidelis tamen orator et benivolus serviens vester, perpetuæ prosperitatis in Christo salutem. Denique humili voce nostram commendamus parvitatem, ut nostri memoriam coram Deo iugiter habeatis, sicut et pro vestra dulcissima sospitate et ipsi agere curamus.

LXXIII.

[*Sine rubrica*.]

Laureato et omni laude præcellenti rumoris illi valde nobis amabili viro atque venerabili presbitero, ille, nutu Dei humilis episcopus, præsentis atque futuræ felicitatis mandat in Christo salutem et fidelissimum intimat servitium. Inprimitus nos vestris deificis commendamus oraculis, suppliciter orantes ut nostri semper memor in precibus vestris apud Deum fieri dignemini; hoc ipsum nos pro vobis fideliter operari studemus. De cetero magnas gratias vobis referimus pro omnibus bonis, quibus antecessori et patri nostro illi episcopo, deinde post illum nobis immerito semper largiter et abundanter ministrastis. Omnes libros, quos illi episcopo et patrono nostro tradidistis, deinde nobis innumera dona librorum paterno more inpendistis, illos omnes ad servitium Dei de vestra gratia nunc proprio iure possidemus; pro quibus omnibus dignam mercedem, Deo vitam nostram gubernante, vobis satagimus.

LXXIV.

[*Sine rubrica.*]

Domino egregio et nimia veneratione præferendo illi præ ceteris mihi peculiarissimo sacerdoti, servorum Dei suppremus vesterque humillimus servulus ille, in mysterio nostræ redemptionis salutem æternam. In inchoatione operis nostri, quo ad vos stilus humilitatis nostræ quæque perscripserit, et re debita seu more interveniente primitus vestra pro nobis ad Deum flagitatur oratio.

Ille superne, sagax, sapiens, venerande magister,
  Esse tibi stabilem opto salutis opem.
Ecclesiæ sublime decus lumenque coruscum,
  Ingentis meriti pontificalis apex,
Quicquid ab ore pio profers, præclare sacerdos,
  Actibus eximiis, auctor amande, colis.
Ut breviusque loquar, præstas sic omnibus omne,
  Unde pius cunctis cerneris esse pater.
Terrigenæ vatis clemens miserere patrone,
  Altithronusque tuas audiat opto preces.
Sis, vivas, vigeas multos feliciter annos,
  Subtus et astra super perpete flore vale.

LXXV.

[*Sine rubrica.*]

Erat quidam iudex in civitate, qui Deum non timebat nec hominem verebatur. Quamdiu Lucifer in humilitate stetit, in penetrabilibus cœli permansit; quando per superbiam semet ipsum elevavit, de alto ad ima ruit, quia verba cum sensu illius erat iniquitas et d[illegible]. Non immerito! *Cuius ma[le]dictione os plenum est, amaritu[illegible], et dolo* (a), *et reliqua*. Quod flens, et cum lacrimis aio, quod quidam plurimi imitatores eius adhuc sistunt in mundo, putantes se sanctiores ceteris et spernentes alios, nullum

(a) *Epist. B. Pauli ad Roman.*, III, 14.

dignantes habere fidum et amicum; sed in protervo perdurantes animos, deteriores effitiuntur despicabilioribus. Cesset iactura verborum et cogitatio perfidæ iniquitatis! Sicut ariola præparata ad inrigandas odoriferas herbas, sic gratia divina inlustrare dignetur corda nostra, cum humilitate et patientia ea perficere quæ voluntati eius placita fiant.

Spiritus effuget Sanctus nam pectora ficti.
Decipitur merito frustra quicumque superbit,
Et capitur falsis cariturus laudibus. Escis
Veris, non frivolis, satiet nos gratia Christi.

Læsa caritas solet aliquando irasci ea ratione ut non desinat esse quod antea fuit.

Hoc opus in melius restaurans archisacerdos
Illam donet cui mercedem Dominus almus.

LXXVI.

[*Sine rubrica.*]

Sancto patri in Christo illi, ego indignus ille, tamen devotus servulus vester, in Domino salutem. Quasi provolutus pedibus vestris ad vestram me pietatis gratiam humiliter commendo.

LXXVII.

[*Sine rubrica.*]

Amabili in Christo fratri et dilecto sacerdoti, ultimus omnium servorum, perpetuæ pacis et caritatis opto salutem. De cetero commendo me gratiæ tuæ, ut mei memorare digneris, sive ad Deum precibus tuis, sive ad præsens seculum pio iuvamine tuo, ubicumque prævaleas.

LXXVIII.

[*Sine rubrica.*]

Excellentissimo atque reverentissimo patri meritoque sublimato ac divino nutu præordinato illi sanctissimo archiepiscopo, illo una cum devotissimo collegio monachorum, ex cenobio videlicet illo piissimi confessoris, perennem in Domino salutem.

LXXIX.

[*Sine rubrica.*]

Summe venerationis et maxime omni honoris magistro, ille sacerdos salutem optans et flagitans vobis in Christo perpetuam. Continuis diebus memoria vestra continetur in precibus nostris; ut de caritatis studio in vestris habeamur orationibus precamur. Delectat nempe mentem nostram desiderantissimam faciem vestram videre, et tanto dulcissime visionis vestræ insudat ardore, ut præ magnitudine amoris vim patiatur doloris. Nos vero, ô pater et dilecte magister, neminem amori vestri præponimus in sæculo.

LXXX.

[*Sine rubrica.*]

Summe dilectionis vinculo inherendo et insolubili amoris anchora amplectendo desiderantissimo fratri, exiguus et indignus tanti oneris nuncupatus sacerdos, in Christi nomine, salutem perennem et coronam rosifluam omnibusque ornatam virtutibus exopto.

LXXXI.

[*Sine rubrica.*]

Domino sancto ac venerabili atque desiderabili patri illi, illo una cum ceteris famulis ac fidelibus die noctuque oratoribus in illo congressu degentibus, in dilectione Dei Patris et asparsione sanguinis Ihesu Christi Sanctique Spiritus amore salutem.

LXXXII.

[*Sine rubrica.*]

Glorioso verissimæ religionis et in culmine maximi honoris sublimato magistro dilecto, illo dono Dei episcopus, in Domino salutem perpetuam.

LXXXIII.

[*Sine rubrica.*]

Sancto et venerando et in sacræ religionis culmine prudentissimo nobisque karissimo magistro, ille humilis ecclesiæ Dei va[l]vicola, salutem vobis in Domino perpetuam. Continuis nos nempe diebus atque momentis precibus in nostris aliosque monendo vestri recordamur. Precamur ut in vestris orationibus nostri memorare dignemini.

LXXXIV.

[*Sine rubrica.*]

Beatissimo necnon et amantissimo domino, pio dulcique magistro et venerabili Christi dispensatori, illi egregio sacerdoti, ille vilis et exiguus, benivolus tamen et fidelis subiectus vester, prono in terra vultu, sempiternam humiliter pacem et salutem in Christo gloriæ.

LXXXV.

[*Sine rubrica.*]

Venerabili Dei servo nobisque cum summo amore nominando illi patri, humilis in Christo filius vester, almitati vestræ et cunctis sacro vestro regimine subditis in Deo Patre et in Domino Ihesu Christo præsentis vitæ salutem et æternæ gloriæ optamus beatitudinem. Omnia erga nostram parvitatem prospera esse noscuntur; prospera et felicia Deus et Dominus noster Ihesus Christus hic et in æternum per suam piissimam misericordiam vobis concedere dignetur. Commendamus nos sacris ac Deo dignis precibus vestris.

LXXXVI.

[*Sine rubrica.*]

Domino beatissimo et sanctorum meritis venerando, optabili mihi semper patrono, illi magistro, ille benivolus ac humilis vester serviens, in Domino Dominorum optat plenitudinem gaudiorum,

LXXXVII.

[*Sine rubrica.*]

Dominis venerabilibus patribusque dilectis sanctisque morum ornamentis clarissimis, videlicet omni dilectæ familiæ beati illius, canonicis ac monachis, ille episcopus vel abbas, in Domino Ihesu Christo perennem salutem. Commendamus nos humiliter pio orationi vestræ, ut pro nobis apud Deum exis[ta]tis intercessores, quatinus contempto desiderio terreno ad æternam convolemus sedem.

LXXXVIII.

[*Sine rubrica.*]

(Alcuini epist., nº 142.)

LXXXIX.

[*Sine rubrica.*]

(Alcuini epist., nº 13.)

XC.

[*Sine rubrica.*]

(Alcuini epist., nº 40.)

XCI.

[*Sine rubrica.*]

(Alcuini epist., nº 130.)

XCII.

[*Sine rubrica.*]

Glorioso ac per omnia diligibili inclito viro illi, ille, quamvis indignus, tamen divina disponente gratia metropolitanus, in Deo Ihesu Christo æternam optat salutem. Ammonemus ac petimus fraternitatem vestram, ut, si vobis aliquo modo commodum sit, ad nos venire non dedignemini, quia vobiscum multa habemus tractare utilia, sicut credimus, Deo donante, utrisque profutura. Ideo nolito tardare, quia hic in loco expectamus, donec vestram videamus amabilem vultus faciem. Videte ut aliter non fatiatis.

XCIII.

[*Sine rubrica.*]

Desiderabili et modis omnibus venerabili viro illi comiti, ille humilis archiepiscopus, bene cupiens vestræ prosperitatis, æternam in Domino optat beatitudinem. Solito enim more petimus et ammonemus ut de nostris rebus in illis partibus ita fideliter agatis, sicut in vos bonam habemus confidentiam. Illum medicum Iudaïcum vel Sclavianiscum N., sicut nuper in illo loco vos rogavimus, quando simul loquebamur, et ille episcopus vester fidelis vos postulavit antea, petimus ut cum præsente portitore istius epistolæ eum nobis ambobus transmittatis. Nos vero vestrum servitium, undecumque nobis præcipiatis, parati sumus implere.

XCIV.

[*Sine rubrica.*]

Ille gratia Christi donante archiepiscopus, illi ministeriale nostro salutem. Volumus igitur atque præcipimus tibi ut istum indiculum sigillatum, quem ad te dirigamus, ut, statim ut ad te veniet, tu ipse illi fideli nostro perducas; et de nostra persona dic ei verba salutatoria ac fidele servitium; et roga ut ita perfitiat sicut in nostro scriptum est indiculo, ita ut in eum confidimus; et quicquid exinde nobis demandaverit, tu ipse nostris auribus stude promulgare, an [1] illi nostro vasso sive alio fideli hoc intima, ut ipse nobis indicare valeat missaticum tuum. Vide ut aliter non fiat, sed festina hoc perficere sine more [2].

XCV.

AD INITIUM SCEDULÆ.

(Alcuini epist., n° 139.)

[1] Corrig. *aut*. — [2] Corrig. *mora*.

XCVI.

IN FINE SCEDULÆ.

Omnipotens Deus beatitudinem vestram ad exultationem sanctæ Dei ecclesiæ longeva prosperitate custodire dignetur, domine pater.

XCVII.

IN FINE.

(Alcuini epist., nº 13.)

XCVIII.

AD INITIUM.

Semper pietatis vestræ religionem, ex quo scire potui, amavi, magnamque in vestræ unanimitatis habens fidutiam, et, licet corpore procul positus, animo tamen inter vos semper adsistens (*a*), Domini Dei nostri Ihesu Christi deprecans tota mentis alacritate clementissimam pietatem, quatinus vestram beatitudinem longeva custodiat prosperitate in augmentum suæ sanctæ ecclesiæ, ut per vestram doctrinam verbum vitæ æternæ crescat et currat, et multiplicetur numerus populi christiani in laudem et gloriam Salvatoris nostri.

XCIX.

INTERROGATIO. — RESPONSUM.

(Alcuini epist., nº 122.)

C.

IN FINE.

Dei et proximi caritas in nobis omnibus iugiter crescat, quæ nos omnes pariter ad regnum cœlorum perducat.

(*a*) Cette première partie reproduit textuellement le commencement de la formule LXXXIX, qui répond elle-même à l'épître nº 13 d'Alcuin.

CI.

IN FINE.

Omnipotens itaque Deus in vobis gratiam suam quam cœpit perfitiat, atque vitam vestram et hic per multorum annorum curricula extendat et post longa tempora in cœlestis vos patriæ congregatione suscipiat.

CII.

[*Sine rubrica.*]

Omnipotenti Deo gratias agite, et tanto ei vos debitores esse cognoscite, quanto inlesi ab huius morbi cogitatione eo custodiente mansistis.

CIII.

[*Sine rubrica.*]

Sancta itaque Trinitas orantes pro nobis sua vos protectione custodiat, vobisque in amore suo dona adhuc multipliciora concedat.

CIV.

[*Sine rubrica.*]

Omnipotens Deus gratia Dei vos cœlesti custodiat, et salva Domini nostri pietate, piissime domine, tranquillitate pro parvulorum dominorum nutrimento vitam vestram longius extendat.

CV.

[*Sine rubrica.*]

Omnipotens autem Deus sua vos protectione custodiat, honoremque perceptum vos in moribus servare concedat.

CVI.

[*Sine rubrica.*]

O quam bona est caritas, quæ absentia per imaginem, præsentia semetipsis exhibet per amorem! Divisa unit, confusa ordinat, inæqualia sociat, imperfecta continuat. Quam recte predicator egregius *vinculum perfectionis* (a) vocat, quia virtutes quidem cetere perfectionem generant, sed tamen eas caritas etiam ligat, ut ab amantis mente dissolvi iam nequeant.

CVII.

[*Sine rubrica.*]

Scripta dulcissime et cordis ulnis omnibus amplectende vestræ beatitudinis tristis accepi, letus relegi. Quis enim in hac terra non lugeat, qui in ea vivit et cotidie habet merorem in quantalibet tristitia? Sed divina pietas, quæ suos consuevit misericorditer famulos continere, ita benigniter hic subventione resplenduit, ut cunctorum debilium inopiam ingitatis eius sit consolationem sublevata. Pro qua re lacrimabili omnes prece deposcimus ut omnipotens Deus, [qui] ad hoc corda conpunxit, in amoris sui constantia dominorum servet imperium, et victorias earum[1] in cunctis gentibus auxilio suæ maiestatis extendat.

CVIII.

[*Sine rubrica.*]

Domino insigni karissimoque patri fidelissimo sacerdoti nobisque cum nimio amore vel honore nominando N., Dei digno antestiti, benivolus alumnus humillimusque discipulus N., in Deo Patre et Domino nostro Ihesu Christo optamus vobis et cunctis sanctæ Dei ecclesiæ filiis vestroque sancto regimine subditis præsentis vitæ salutem et æternæ gloriæ coronam. Serenitatis vestræ precibus nos humiliter commendamus. De cetero prospera nobis, karissime pater, per misericordiam Dei et per intercessiones sanctorum vestraque oratione iuvante scitote. Vestra namque prosperitas de die in diem melius ac melius fiat divinam iugiter imploramus clementiam. Acceptior Deo vivas, domine insignis et merito suscipiende pater!

CIX.

[*Sine rubrica.*]

(Epist. Angilberti.)

[1] Corrig. *eorum.*

(a) *Epist. B. Pauli ad Coloss.*, III, 14.

CX.

[*Sine rubrica.*]

Domino dilectissimo et honorabili fratri N., illo presbiter ecclesiæ catholicæ in Domino salutem. Priusquam ad rem veniam, de qua tuæ benevolentiæ scribere volui, tituli huius epistolæ, ne vel te vel alium quempiam moveat, rationem breviter reddam. *Domino* scripsi, quia scriptum est : *Vos in libertatem vocati estis, fratres ; tantum ne in occasionem libertatem carnis detis, sed pro caritate servite invicem* (*a*). Cum ergo vel hoc ipso offitio litterarum per caritatem tibi serviam, non absurde te *dominum* voco, propter unum et verum Dominum nostrum, qui nobis ista præcepit. *Dilectissimo* autem quod scripsi, novit Deus quod non solum te diligam, sed ita diligam ut me ipsum, quandoquidem mihi bene sum conscius bona me tibi optare quæ mihi. *Honorabilem* igitur ex ea regula te libenter appello, qua novi te esse hominem, et novi hominem ad imaginem et similitudinem [Dei] factum, et in honore positum ipso ordine et iuræ naturæ, si tamen intellegendo quæ intellegenda sunt servat honorem suum. Nam ita scriptum est : *Homo in honore positus non intellexit ; conparatus est iumentis insensatis et similis factus est illis* (*b*). Cur ergo te *honorabilem*, in quantum homo es, non appellem, cum præsertim de tua salute atque correctione, quamdiu in hac vita es, desperare non audeam? *Fratrem* vero ut vocem, non te latet nobis præceptum esse divinitus, ut etiam eis qui negant se esse fratres nostros dicamus : *Fratres nostri estis.* Deus et Dominus tibi mentem pacatam inspirare dignetur, domino dilectissime frater!

CXI.

[*Sine rubrica.*]

Augustus episcopus, servus Christi servorumque Christi famulus, religiosæ famulæ Dei Probæ in Domino Dominorum salutem (*c*). Et petisse te et promisisse me recolens ut de orando Deo ad te aliquid scriberem, ubi tribuente ipso quem oramus tempusque facultasque concessa est, oportuit ut debitum meum iam iamque

(*a*) *Epist. B. Pauli ad Galat.*, V, 13.

(*b*) *Psalm.* XLVIII, 13, 21.

(*c*) *Cf. Opp. S. Augustini*, epist. 121.

persolverem, et pio studio tuo in Christi caritate servirem. Quam autem lætificaverit me ipsa petitio tua, in qua cognovi quantam rei tantæ curam geras, verbis explicare non possum. Quod enim maius oportuit esse negotium viduitatis tuæ, quam *persistere in oratione nocte ac die* (a), secundum apostoli prædicationem? A familia Christi oratum est pro Petro, oratum est pro Paulo; et nos in eius familia esse gaudemus, et inconparabiliter plus quam Petrus et Paulus orationum fraternarum auxiliis indigemus. Orate certatim cum cordis sanctoque certamine neminem adversus alterutrum cer[te]tis, sed [ad]versus diabolum sanctis omnibus inimicum in ieiuniis et vigiliis et omni castigatione corporis, qua plurimum adiuvatur oratio. Faciet queque vestrum quod poterit; quod altera minus potest, ea quæ præpotest fatiat, si in altera diligit. Proinde quæ minus valet non impediat plus valentem, et quæ plus valet non urgeat minus valentum. Conscientiam quippe vestram Deo debetis, *nemini autem nostrum aliquid debetis, nisi ut invicem diligatis* (b). Exaudiat te Deus, qui potens est facere super quam petimus et intellegimus!

CXII.

[*Sine rubrica*.]

Domino dilectissimo et desiderantissimo fratri et conpresbitero illi, ille ultimus servorum Christi famulus, in Deo Patre et Christo Ihesu Domino nostro exorans, præsentis vitæ salutem et æternæ gloriæ felicitatem. Litteræ tuæ impleverunt grandi dolore cor nostrum, quibus petisti ut prolixo opere aliqua responderem de miserabilibus huius mundi eventibus, cum talibus malis magis prolixi debeantur libri. Totus quippe mundus tantis adfligitur cladibus, ut pene pars nulla terrarum sit, ubi non talia qualia scripsisti cognitantur atque plangantur. Vides etiam quam humiliter et veraciter sapiant qui pro suis peccatis se flagellari a Domino confitentur. Unde scriptum est : *Quem enim diligit Dominus corripit, flagellat autem filium quem recipit* (c). Unde et apostolus : *Si enim nosmet ipsis iudicaremur, a Domino non iudi-*

(a) *Epist. pr. B. Pauli ad Timoth.*, V, 5.

(b) *Epist. B. Pauli ad Roman.*, XIII, 8.

(c) *Epist. B. Pauli ad Hebr.*, XII, 6.

caremur; cum iudicamur autem, a Domino corripimur, ne cum mundo damnemur (a). Hæc fideliter lego, fideliter prædica, et quantum potest cavo et cavendum doce, et ne adversus Deum in his temptationibus et tribulationibus murmuretur. Multo uberius vos Dominus consolabitur, [si] scripturas eius intentissime [le]geretis. Vale.

CXIII.

[*Sine rubrica.*]

Domino sancto sanctorumque meritis venerabiliter glorificando et a nobis cum tota fide et caritate amabiliter amplectendo simulque diligendo, illi summo sacerdoti Christi, ille exiguus omnium servorum Dei, vester vero fidelis et devotus serviens, in Deo Patre omnipotenti præsentis felicitatis et future beatitudinis necnon et gloriam perpetuam optamus. Recordare dignetur pia almitas vestra quod in præsenti nostra locutione aliquas reliquias sanctorum nobis pollicere dignati estis. Enimvero humiliter deprecamus magnam ac piam prudentiam vestram ut per præsentem nostrum gerulum eas nobis mittere dignemini, ut Deus glorificetur in illis, et vita nostra profitiat cum illis, et merces vestra in æterna gloria adcrescat pro illis. Valeat et vigeat magna caritas vestra multis feliciter in hoc seculo annis, et in futuro in cœlestibus sedibus inter angelorum cetibus in gloria perpetua vos Ihesus Christus collocare dignetur, et coronam æternæ vitæ percipere mereamini.

CXIV.

ITEM UTRICUMQUE VOLUERIS.

Dilecto et venerabili et per omnia diligendo amico meo illi, ego ille fidelis vester, quantum mihi vires suppetunt, salutem vobis perpetuam necnon et gloriam opto. De cetero rogamus bonitatem vestram ut isto homini, nomine illo, iustitiam suam, quam querit in vestro ministerio, pleniter eum habere fatiatis, ita ut in vos confidimus de omnibus bonis.

(a) *Epist. pr. B. Pauli ad Corinth.*, XI, 31, 32.

CXV.

ALIA.

Karissimo et amabili viro illi, ego ille per has apices gloriæ dignitatis vestræ sempiternam ac gloriosam opto salutem. Recordetur bonitas vestra de causa quam mihi promisistis, ut, sicut largiter promisistis, ita fideliter implere procuretis. Nos vero e contra in servitio vestro secundum vires nostras feliciter undecumque iubetis permanere cupimus. Bene valete.

CXVI.

ALIA.

Almifico et glorioso et per omnia colendo viro illi, ego ille, in Christi nomine, devotus vester cum totis visceribus serviens, in Domino Iehsu Christo perpetuam atque rosifluam deposcimus salutem et gloriam. Recurrat ad memoriam gloriæ dignitatis vestræ quod nobis bonitas promisit nostræ præsenti fabulatione medicum unum præstare nostros egrotos ac infirmos medicinali arte curare. Propterea humiliter deprecamur largam clementiam vestram ut nobis per præsentem missum nostrum cum dirigatis usque ad nos hac de causa sollicitandi. Nos autem vestrum condignum servitium impendere, undecumque nobis iubere dignetis, parati sumus, sicut dignum est tali viro Deique servo fideliquo amico facere. Valete nunc et semper feliciter et in æternum cum angelorum laudibus choris.

CXVII.

AD PAPAM.

(Epist. dubia Alcuini ad Leonem III.)

CXVIII.

ALIA.

Orthodoxo et a Deo magnifico honorabiliter sublimato et in sede apostolica honorifico functo illi electo sacerdoti Christi Domini nostri, ille etenim vilis sacerdos et ipse individue caritatis vestram dulcissimam atque optatissimam fraternitatem salutem deposcimus æternam. Vestra magna etenim alma caritas sepe nobis valde utilia et necessaria intimare immo non piget, et litteræ vestræ simul cum gerulis optimis gaudia et lætitia ex parte vestra discurrentibus nobis nuntiare non cessant. Nunc litteræ vestræ magnam molestiam et dolorem cordi nostro fecerunt dilectissimo filio nostro communi illi. Eius enim infirmitas nos valde contristavit, sed vestra visitatio consolavit. Statim ut hoc audivimus, gerulum nostrum ad illum visitandum direximus, ut comperiat utrum vivere in hoc seculo valeat, an ad Christum in æterna gloria festinare una cum angelis Dei optat. Nos illuc dispositum habemus ire, si missus noster nobis cito occur[re]re festinat; et si ei levius evenerit, inde magnum gaudium habemus. Sin autem, Domino vocante, ierit ad patres nostros, preces post illum dirigimus; et si sic infirmitate fatigat, ad eius præsentiam occurrere non tardamus.

CXIX.

AD ARCHIEPISCOPUM.

Beatissimo et nutu divino honorabiliter atque honorifice in cathedra episcopali sacerdotii dignitate functo illi episcopo, ille, quamvis indignus, tamen annuente divina gratia abbas vocitatus, vester ex totis præcordiis fidelis ac devotus famulus, per hanc seriem litterarum nostrarum in Deo Patre inmarcessibilem atque in rosifluo odore optamus perennem salutem. Conperiat alma prudentia vestra quia legati nobis venerunt ex partibus illius provintiæ, directi ab illo rege eorum, ferentes nobis papilionem mire pulchritudinis opere contextam, ita ut ferme triginta capere valet viros, et alia magna eulogia, obnixe nos deprecantes libenti animo hæc dona suscipere, quod ita et fecimus. Proinde, quasi coram conspectu vultuque vestro angelico prostratus, beatitudinem atque largam clementiam vestram optamus ut nobis ex vestris magnis muneribus mittere dignemini, ut aliquid eos rependere valeamus, eo quod nobis tam largiter obtulerunt; aurum, si valetis, aut pallium mittite, quia in suis provintiis valde hoc pretiosum esse videtur. Nos autem de ceteris bonis nostris, quos nobis redemptor et conditor noster contulit, libenter rependere vestrum cupimus per omnia fideliter, undecumque iniungitis, servitium, sicut dignum est tam dilecto patri et adiutori fideli nostro.

CXX.

AD MONIALEM SANCTAM.

Clarissimæ virgini, electæ Dei et amicæ sanctorum ac consolatrici pauperum et peregrinorum, illi sponsæ Christi, ille humillimus servus servorum Dei monachus, vester fidelis in parvitatum orationum nostrarum orator, in rosarum niveoque candore speciem pulchritudinis vestræ felicem optamus salutem. Agnitum sit gloriæ dignitatis vestræ, virgo Dei electa, quia necessitate cogente has litteras deprecatorias usque ad vestram direximus præsentiam, humiliterque postulamus ut, si est unde, vel si fieri possibilitas aut oportunitas fuerit, ut nobis vestra larga bonitas unam camisam ob amorem nominis vestri nostrumque corpusculum induere destinare dignemini; habetis Dominum remuneratorem, qui dixit : *Nudus fui et vestistis me, et quod uni ex minimis meis fecistis mihi fecistis* (a); nosque fideles vestri oratores habetis, in quantum parvitas nostra Domini misericordiam implorare pro vita et sanitate vestra valet, omne studium habere cupimus, sicut iustum est tam gloriosæ feminæ angelorumque filiæ orationibus fulciri. Vale, virgo gloriosa, nunc et semper in æterna feliciter secula.

CXXI.

AD COMITEM.

Fideliter ac salubriter cum omni veneratione diligendo illi comiti, ille, in Dei itaque nomine, vester bene cupiens, individuæ caritatis atque inviolabiliter dirigimus perennem salutem. De cetero notum sit bonitati vestræ quia quidam homines, peccatis exigentibus, usque ad nostram devenerunt præsentiam, rogantes nos bonitatem apud vestram pro eorum reatum intercedere. Rogamus humiliter prudentiam vestram ut pro his exi-

(a) *Evang. secund. Matth.*, XXV, 36, 40.

gentibus culpis indulgentiam mereantur apud vestram suscipere clementiam, quia nostrum est, secundum apostolicam auctoritatem, pro delinquentibus veniam impetrare, ut disciplinam et membra eorum ob amorem æternæ vitæ concedatis, et usque ad legitimam emendationem de pretio taxato pervenire valeant secundum iussionem vestram, et ut post emendationem in conspectu vestro adstare et servitium inpendere, sicut anteà fecerunt, et in gratiam vestram fideliter permanere valeant. Obnixa prece desposcimus ut nostro rogatui annuere atque consentire faciatis, quia ipse Deus dixit : *Qui vos audit me audit* (a); et iterum : *Dimittite et dimittetur vobis* (b) a Christo Domino qui vivit et regnat in gloria sua, ubi vos felices in conspectu eius apparere valeatis.

CXXII.

AD ABBATEM.

Glorioso atque spiritu sapientiæ repleto illi abbati, carus etenim ille vesterque fidelis discipulus, in Deo Ihesu regi regum felicem deposcimus salutem. Gratias siquidem inmensas tripudiantes manibus vobis cotidiæ agimus, eo quod vestra magna clementia [me] tam solerter cum omni studio ac benivolentia secus pedibus vestris aluistis, docuistis et usque nunc, Domino donante, ad perfectum deduxistis, quod vobis redemptor et retributor humani generis plenam atque perfectam mercedem in hoc seculo retribuere dignetur, et in futuro gloriam una cum sanctis angelis concedat æternam. Nos enim, quàmvis humillimi et nimis tepidi atque insipientes, pro vestro statu et vita longeva Dominum rogare in orationibus, quantum prevalemus, studium habere satagimus, una cum ceteris subditis nostris, quia per vestram doctrinam inluminati et glorificati et exaltati et iocundati sumus. Vos enim estis lux totius huius provintiæ, quia multis diebus in ignorantiæ sanctarum scripturarum cecitate obvoluti fuimus, usque lux vestræ sanctæ sapientiæ nos inluminavit. In vobis sermo divinus impletus est, quia *qui erudiunt multos fulgebunt sicut stellas æternitatis* (c) in regno Dei et Christi, ubi vos gloriosi et splendidi sicut gemma lucidissima apparere debetis, et ab ipso Domino

(a) *Evang. secund. Luc.*, X, 16.
(b) *Evang. secund. Marc.*, XI, 25.
(c) *Daniel*, XII, 3.

audire : *Euge, serve bone et fidelis, intra in gaudium Domini tui* (a) ; et ibi decantaveritis una cum sanctis angelis : *Beati qui habitant in domo tua, Domine, in secula seculorum laudabunt te* (b). Humiliter optamus ut de vestra sancta sospitate atque vita per scripturis vestris sanctissimis nos certiores reddatis, ut de vobis omni tempore letitiam agere valeamus. Valete.

CXXIII.

AD CAPELLANUM.

Honorando atque sublimato illi magistro atque precipue capellano domni imperatoris, ille, quamvis indignus, tamen gratia Dei episcopus, vester devotus ac fidelis orator, per hanc scedulam parvitatis nostræ vestræ coronæ beatitudinis millenas optamus salutes. Enimvero deposcimus magnam clementiam vestram ut misericordia vestra super nos veniat, sicut bonitas vestra nobis pollicere dignata est. Nepotem nostrum illum, quem de sacro palatio a vobis directum suscepimus, et mandatum vestrum libenter audivimus, et implere in omnibus secundum possibilitatem nostram cupimus, eumque remisimus ad vestram clementiam. Oramus ut caritas vestra illum suscipiat, et in conspectu domini nostri præsentari fatiat, et in quantum prævaletis ei adiutorium apud dominationem vestram inpendere dignemini, ita ut de vobis confidimus, et ut ei benefitium, quod quidam homo N. usque nunc tenuit, per vestram intercessionem apud dominum imperatorem impetretis, ad laudem et gloriam vestram et mercedem æternam et ad servitium domini sui. Nos autem condignum vobis rependere cupimus servitium, sicut oportet et iustum est tam præclaro magistro et adiutori nostro.

CXXIV.

[*Sine rubrica.*]

(Alcuini epist., nº 157.)

CXXV.

[*Sine rubrica.*]

(Alcuini epist., nº 72.)

(a) *Evang. secund. Matth.*, XXV, 21. (b) *Psalm.* LXXXIII, 5.

CXXVI.

[*Sine rubrica.*]

(Alcuini epist., n° 86.)

CXXVII.

[*Sine rubrica.*]

(Alcuini epist., n° 29.)

CXXVIII.

[*Sine rubrica.*]

(Alcuini epist., n° 87.)

CXXIX.

[*Sine rubrica.*]

(Alcuini epist., n° 52.)

CXXX.

[*Sine rubrica.*]

(Alcuini epist., n° 53.)

CXXXI.

[*Sine rubrica.*]

(Alcuini epist., n° 62.)

CXXXII.

[*Sine rubrica.*]

(Alcuini epist., n° 55.)

INCIPIUNT EPISTOLE.

I.

[*Sine rubrica.*]

Almifico adque excellentissimo domino meo illi a Deo coronato magno et pacifico imperatore, ego ille humilissimus servulus vester, quasi coram sacris pedibus vestris prostratus, gratiam et misericordiam vestram super nos placabilem et pacificam semper esse obtamus. Vestram caram dominationem nosse volumus, qui gratia operante Dei et vestra misericordia concedente sani et salvi sumus, et in vestro servitio adque voluntate die noctuque, quantum novimus et intelligimus, fideliter et firmiter permanere cupimus, sicut dignum et iustum est servo facere domino suo. Valeat gloriosissimus dominus meus multis feliciter in seculo annis, et in futuro in angelorum choro coronam æterne glorie percipere beatissimam mereamur, amen.

II.

[*Sine rubrica.*]

Beatissimo et gloriosi[ssi]mo domino meo illo christianissimo viro, a Deo et angelis eius electo adque in imperio sublimato, ego ille servulus vester ubique devotus adque fidelis in omnibus obediens, excellenciam vestram adque ælimosinam quam piam obtamus. Commendamus magne misericordie vestre super nos semper adventare, ut vestra sit merces et laus apud Deum et homines, et nos in servitio vestro persistere valeamus secundum præceptum et voluntatem vestram, quod ita parati sumus, quantum Dei gratia nos intellectum dederit, cum omni fortitudine iussionem vestram implere cupientes. Omnipotens Deus ad profectum suæ sanctæ ecclesiæ et ad exaltationem Christiani nominis populi vos conservare dignetur per multa annorum feliciter tempora, amen.

III.

AD REGINA SIVE QUALITER FEMINA.

Carissimæ electæ Dei illa amica sororum et socia angelorum

ac consolatrix pauperum et peregrinorum, ego ille fidelissimus serviens vester secundum intelligentiam parvitatis nostrae. Nos enim devotissime ad gratiam vestram fideliter commendamus, adiuvante misericordia Dei; nosse volumus prosperitatem vestram, et omnes qui nobiscum sunt, fideles servientes vestri, obtamus clementiam vestram ut nostri memoriam habeatis apud dominum imperatorem, ut per vestram ammonicionem eius misericordia super nos respicere dignetur ad consolationem nostram et servitium fideliter peragendum semper vestrum. Valeat domino meæ genetrix gloriosa nunc et semper et in æterna feliciter Dei gloria cum sanctis angelis perpetualiter.

IV.

AD APOSTOLICUM.

Domino eximio et per omnia diligendo magno viro, a Deo electo, Pascuali summo præsuli, ego ille servulus immarciscibilis corone beatitudinis vestræ salutem obtamus. Nosque precamus sacræ clementiæ vestræ ut nostri memores esse dignemini inter sacra sollemnia vestra adque in confessione sancti Petri apostoli, ut per vestram intercessionem proficere valeamus ad profectum sanctæ Dei ecclesiæ, et ad servitium domini nostri imperatoris pervenire, adque ad consolationem nostram et profectum, et eos qui nobis subditi sunt, per misericordiam Dei et domini nostri imperatoris. Reliquias sanctæ benivolentiæ vestræ precamus nobis transmittere, ut Deus glorificetur in illis, et vita nostra proficiat cum illis, et merces vestra in æterna gloria adcrescat pro illis. Valeat magna caritas vostra cum gratia et gloria Dei hic et in futuro, beatissime pape.

V.

AD EPISCOPUM.

Eximio et ortodoxo viro a Deo coronato illi episcopo, ego illo in Domino Iesu Christo sempiternam obto salutem. Precamur sanctitatem vestram ut nostri memoriam indesinenter habeatis; nos autem, in quantum pervalemus, vobis servitium adimplere cupimus. De ceteras vero rationes, que inter nos tunc consideravimus, solliciti sitis, et absque ulla tarditate valeat proficere. Vivas feliciter et floreas in opere et verbo Dei, venerabilis sacerdos.

VI.

AD ABBATEM.

Fratri benivolo et magistro carissimo illi abbate, ego ille per hanc scedolam salutem æternam vobis obtamus. Meminere dignemini de causa, quam iam olim vobis ore proprio iudicavimus, et postea per epistolam vobis innotuimus, unde adhuc nihil ad profectum pervenit. Precamus ut cito proficiscere dignemini et de sacras orationes vestras nostri memores sitis. Bene valete.

VII.

AD FRATREM VEL AMICUM.

Glorioso et venerabiliter desiderando domino meo germano carissimo illo, ego ille in fide et caritate et tota dilectione vestram dulcissimam fraternitatem salutem, vitam, pacem et gloriam obtamus in Domino sempiternam. Gratias agimus Deo omnipotenti de sancta adque desiderantissima sospitate vestra, quam per dulcissimis scriptis vestris audire meruimus, unde valde læti per omnia sumus et esse cupimus, quamdiu Dei misericordia sospitatem vestram nobis concedere dignabitur. Sciat magna dilectio vestra, frater carissime, adiuvante Dei gratia, omnia nobis prospera adque circa confinia nostra esse pacifica. In vestro vero servitio omni tempore prumti sumus, sicut dignum est tam dulcissimo germano. Obtamus ut omni tempore litteræ vestræ nobis veniant, ut scire valeamus sanitatem vestram, quam valde desideramus longam et felicem esse. Divina vos perveniat gratia et subsequatur ubique clemencia, et in omni opere bono florere vos faciat, frater carissime.

VIII.

AD SOROREM.

Karissime itaque desiderantissime sorori meæ illi, ego ille in Domino Iesu Christo sempiternam salutem. Almitatem vestram intimamus, quod, adiuvante Dei gratia, postquam a vobis speravimus, omnia nobis prospera et salutifera fuerunt; sed mirum est nobis valde quod nec missum vestrum nec litteras vestras postea suscepimus, unde valde solliciti sumus quid ita sit. Tamen rogamus ut scire valeamus de sanitate vestra et de omnibus amicis, et quicquid boni valetis ad genetricem nostram aut ab aliis amicis vestris. Semper nostri memorare dignemini in bono. Obto te coram oculis Dei beatam esse, et in omni bono proficere coram Deo et hominibus.

IX.

AD AMICUM FIDELEM.

Laudabiliter cum omni dileccione et amore nominando fideli amico illi, ego ille inmarcissibilis gloriæ salutem. Pro confidentia enim magna, quam in vobis habemus secundum fidei promissionem vestram, litteras nostras ad vestram destinavimus præsentiam, ut ita nostri memores sitis, sicut perdonare dignati estis, et sicut in vestram confidimus promissionem, et aput dominationem vestram vel ubicunque valetis. De nobis vero servitium fidelem habere debetis, si nobis vita concessa fuerit. Bene sit vobis, nostrique semper sitis memor.

X.

ITEM AD AMICUM.

Magnifico viro et honorifice diligendo illo amico fideli, ille æternam salutem. Notum sit vobis quia missum nostrum direximus partibus palatii, ut in vestra bonitate eum suscipiatis, et causam eius audiatis, et in præsentiam domini nostri illum adducatis, ut legationem suam ibidem cito referre valeat et ad nos cum omni festinatione reverti. De aliis causis, unde indiguerit, bonitas vestra adiutorium illis inde inpendat. Sic inde agite ut in vestram fidi sumus bonitatem. Bene valete.

Typ. Hennuyer. — Batignolles.

www.ingramcontent.com/pod-product-compliance
Ingram Content Group UK Ltd.
Pitfield, Milton Keynes, MK11 3LW, UK
UKHW021148230726
13926UKWH00002B/1000